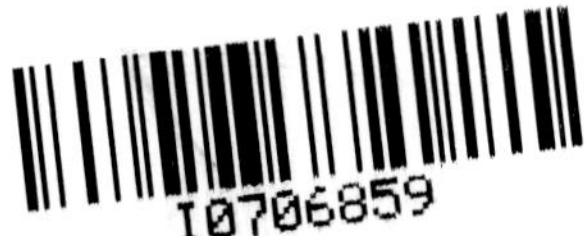
I0706859

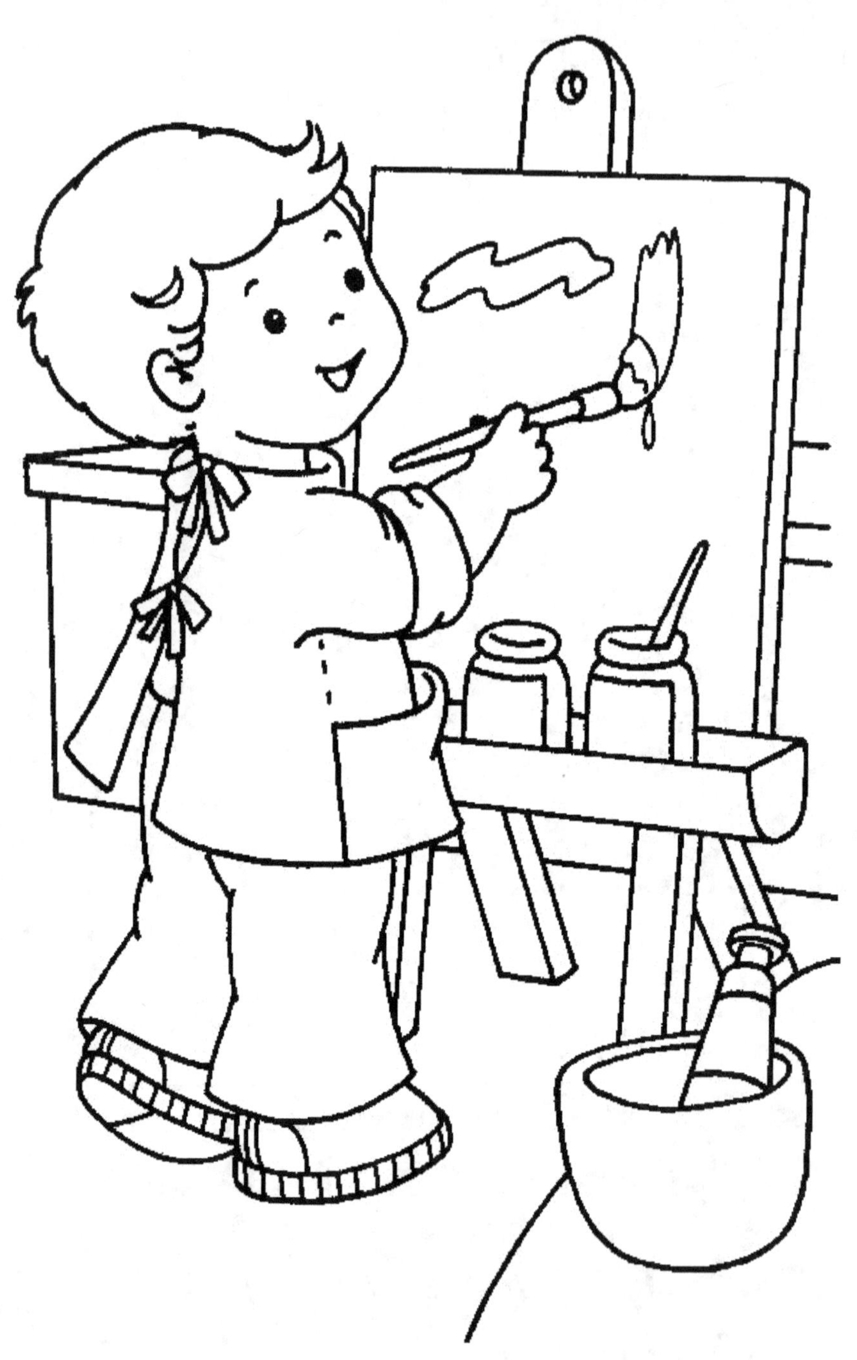

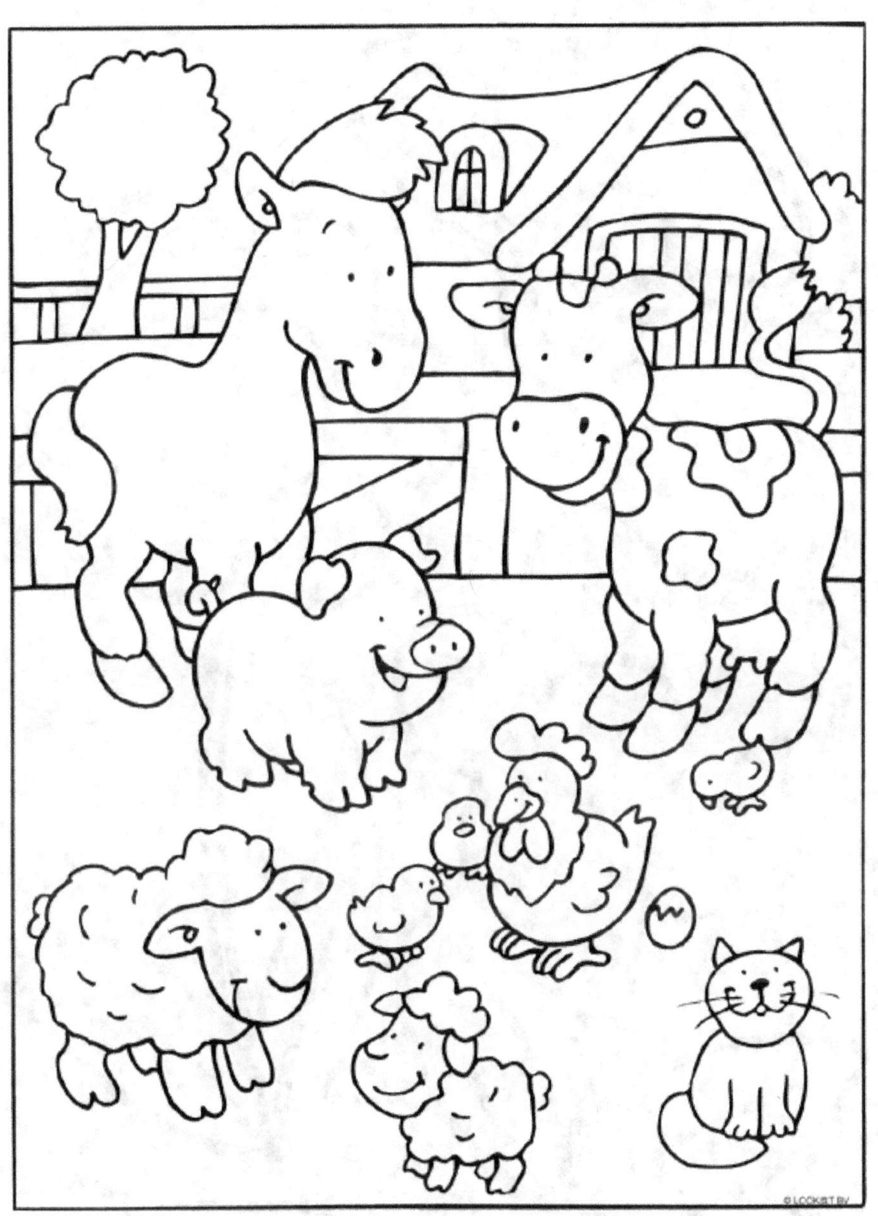

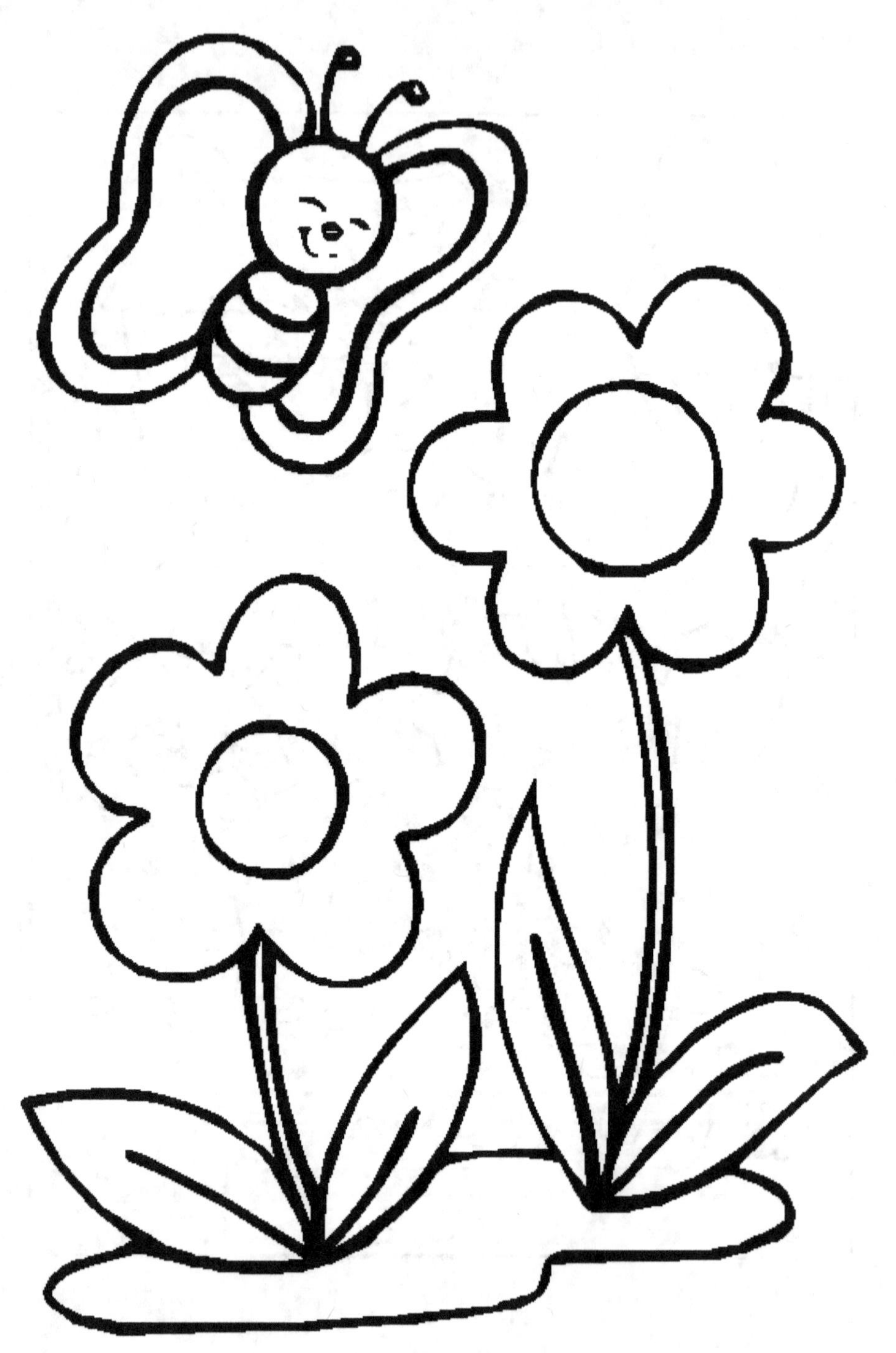

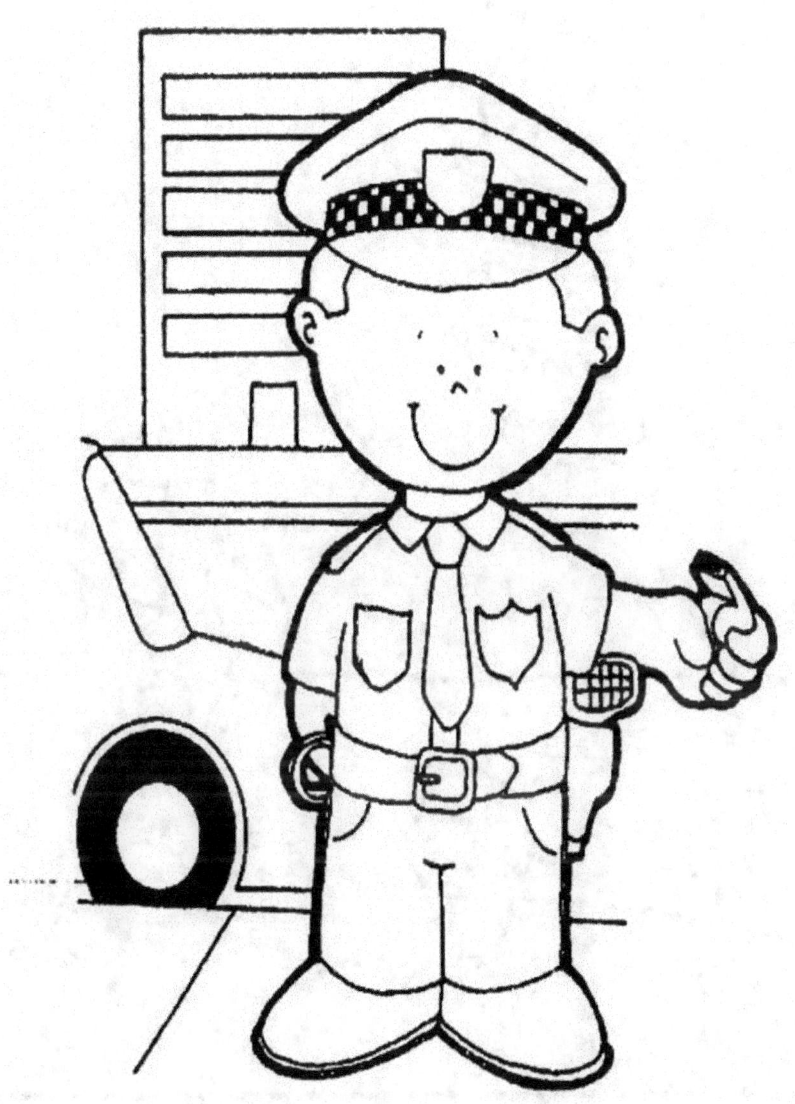

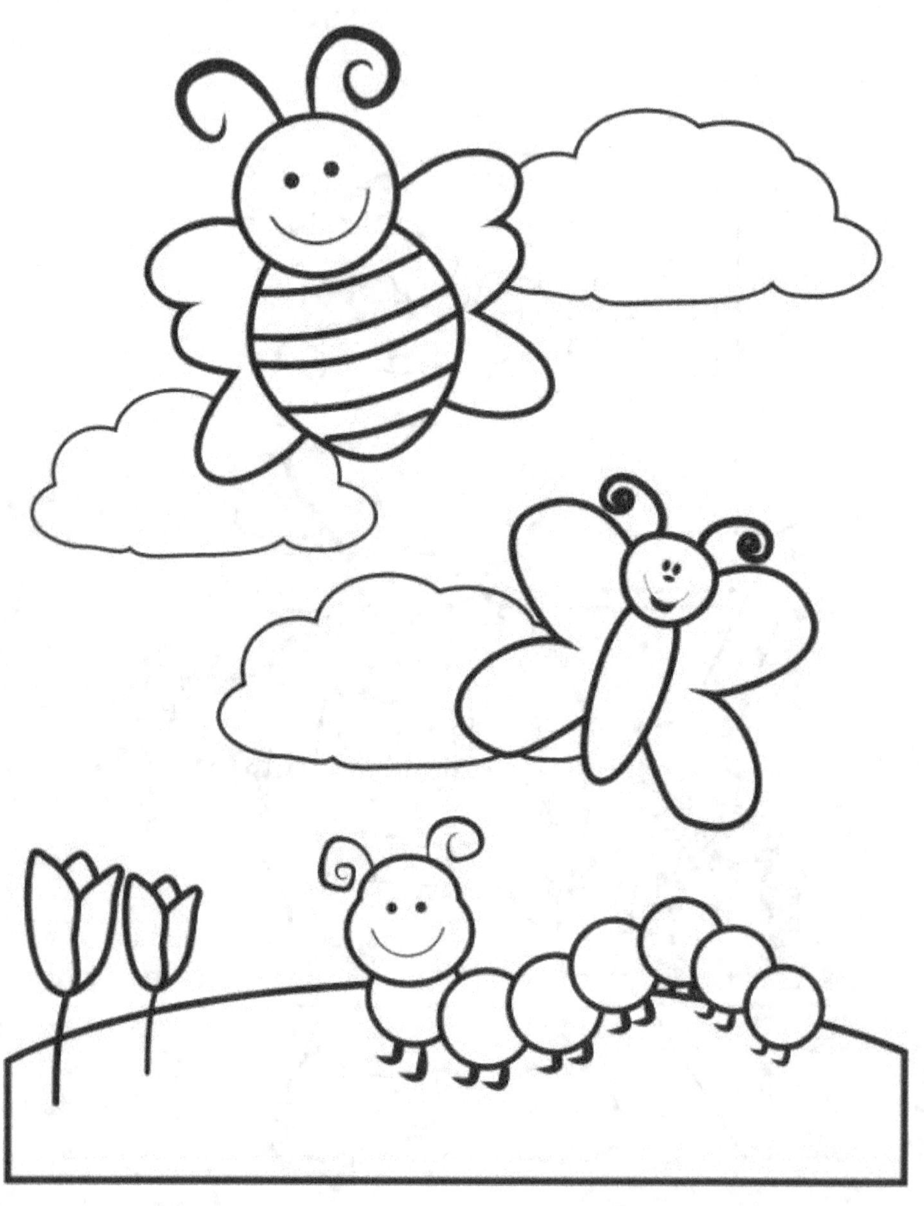

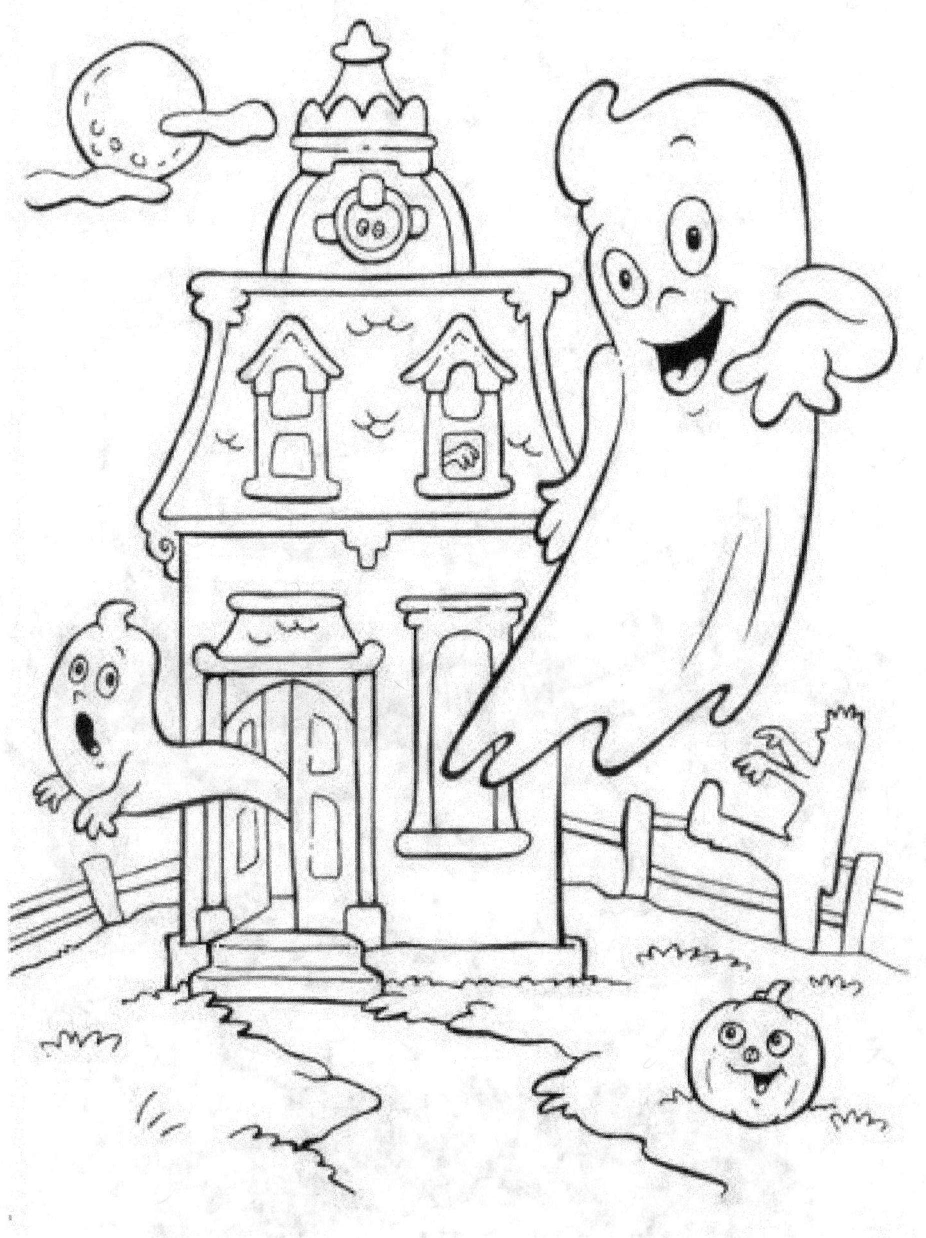

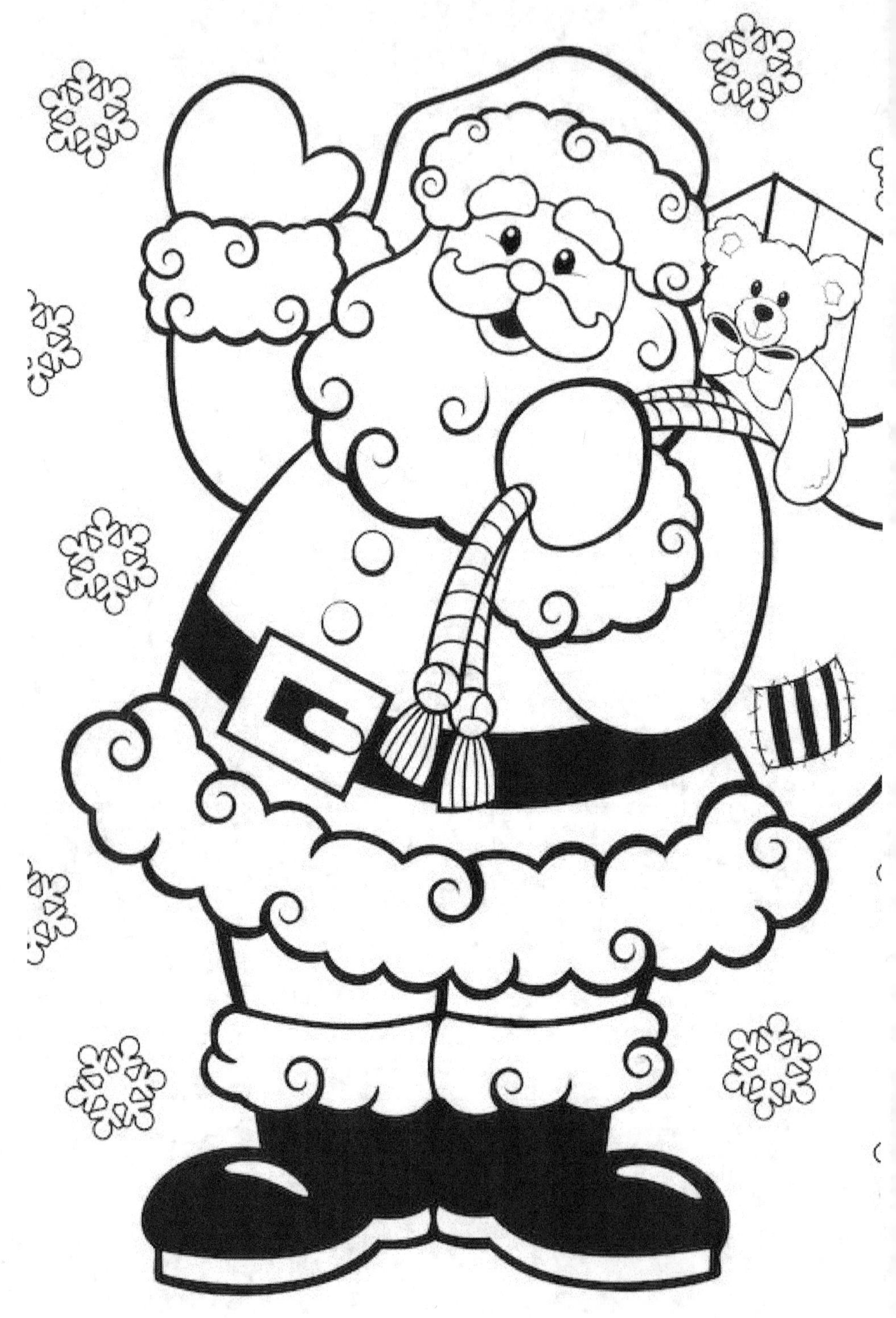

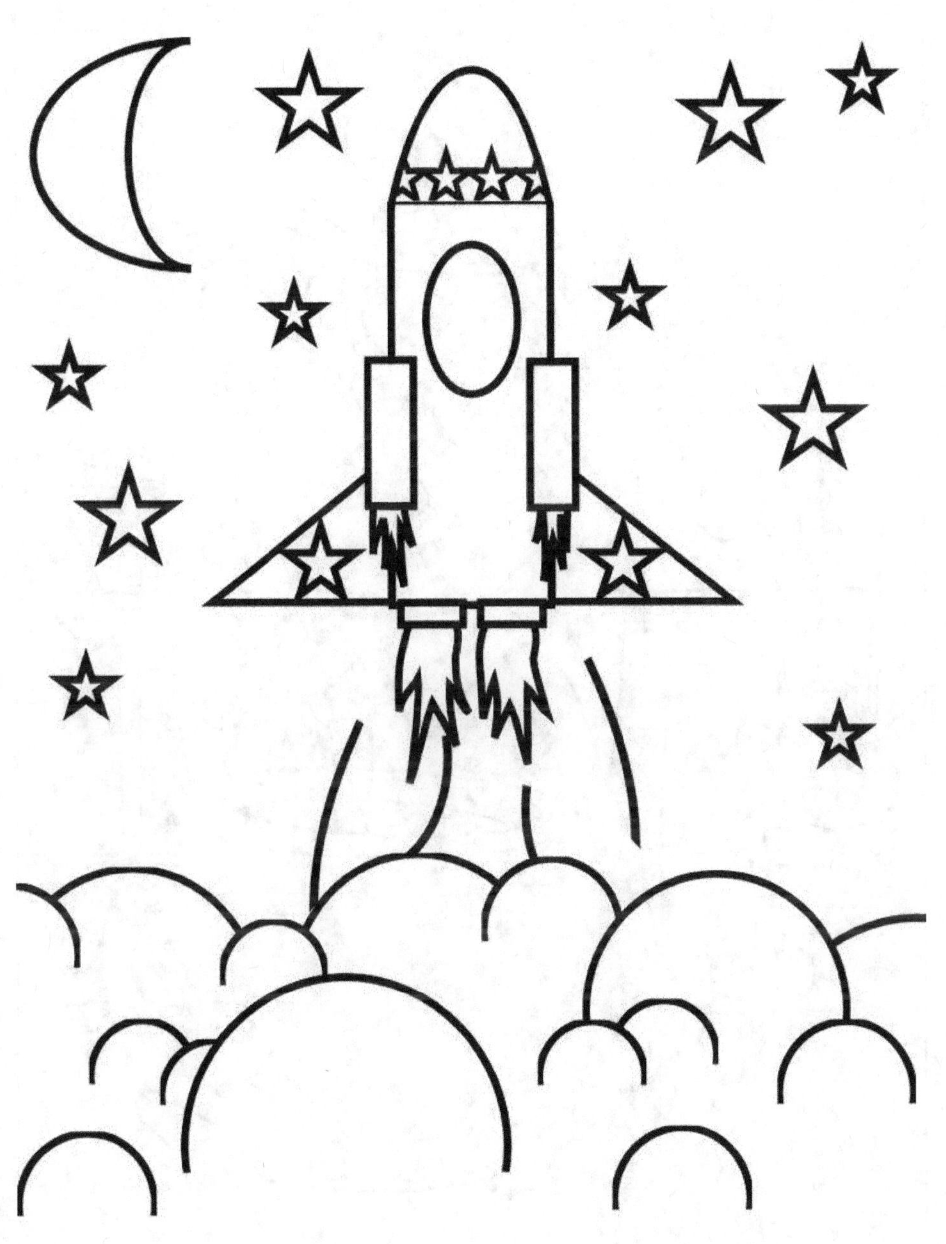

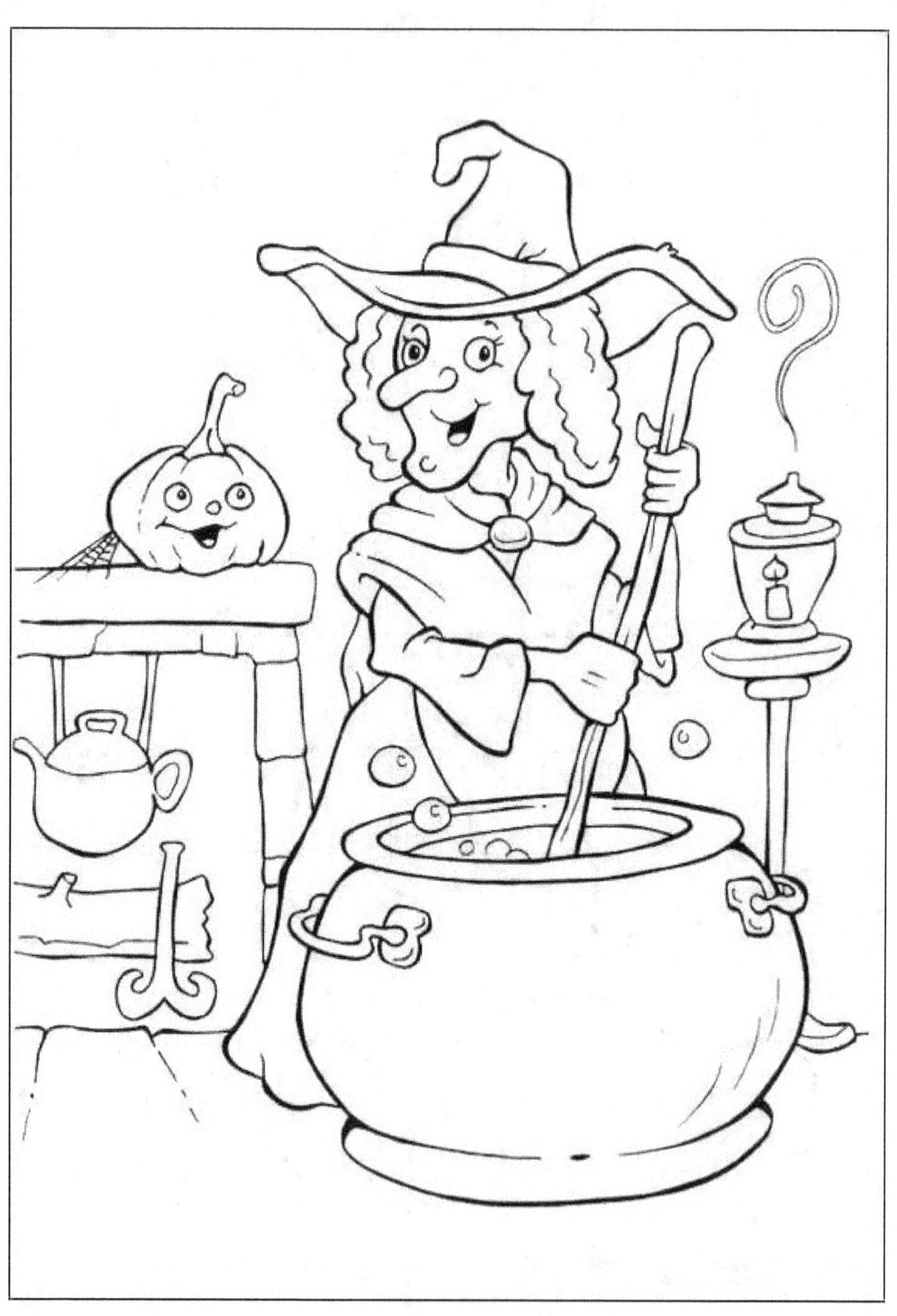

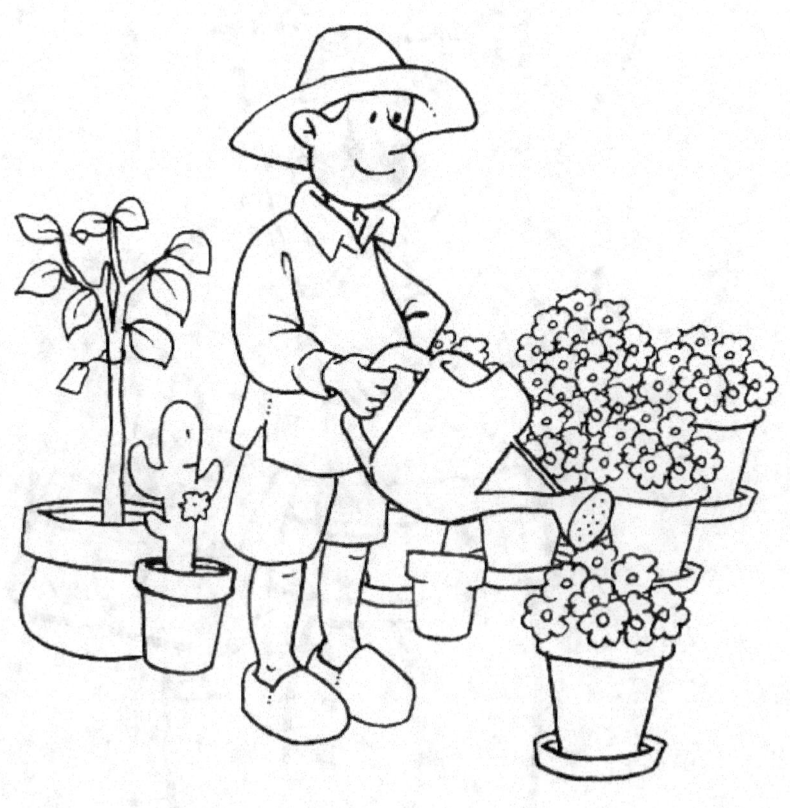

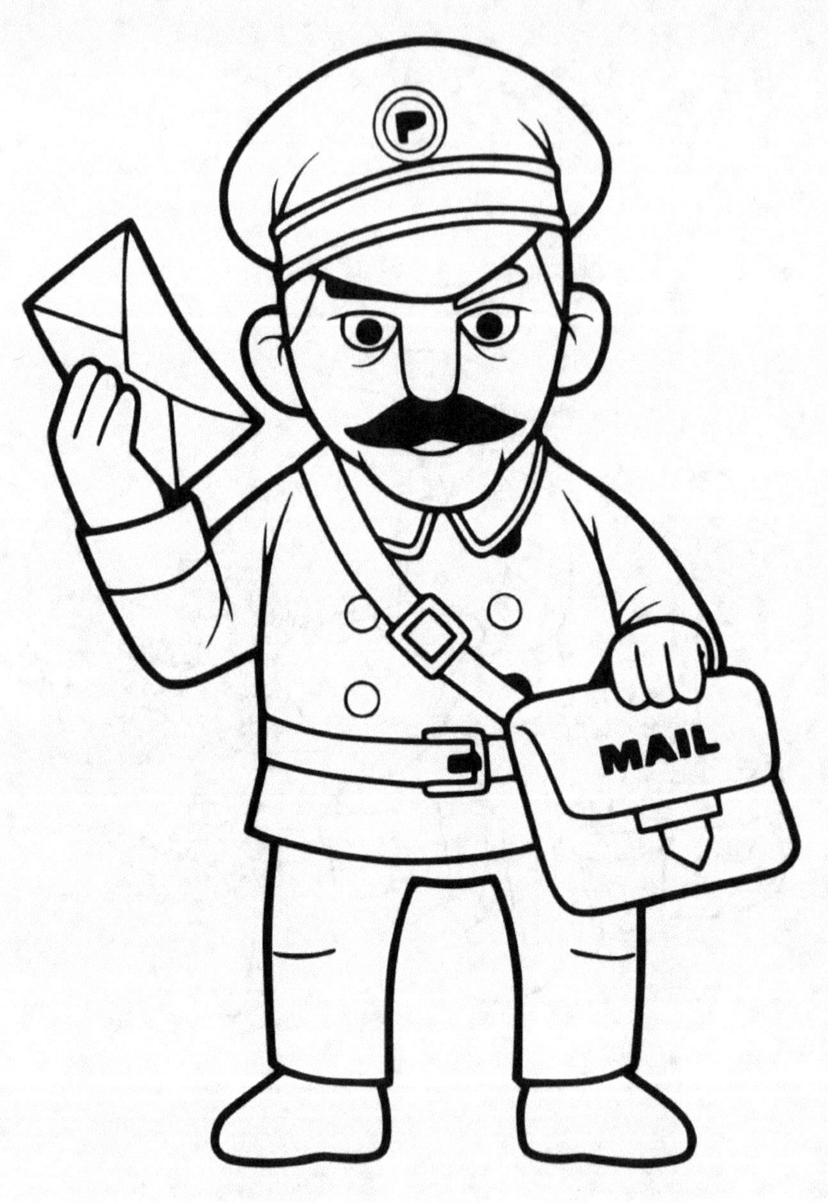
MAIL

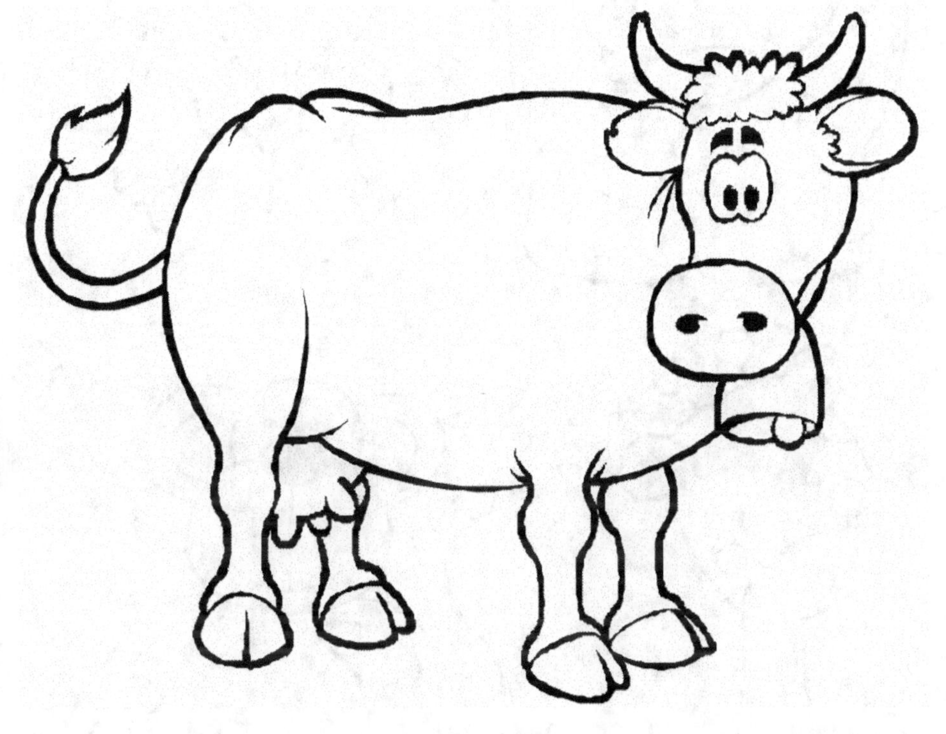

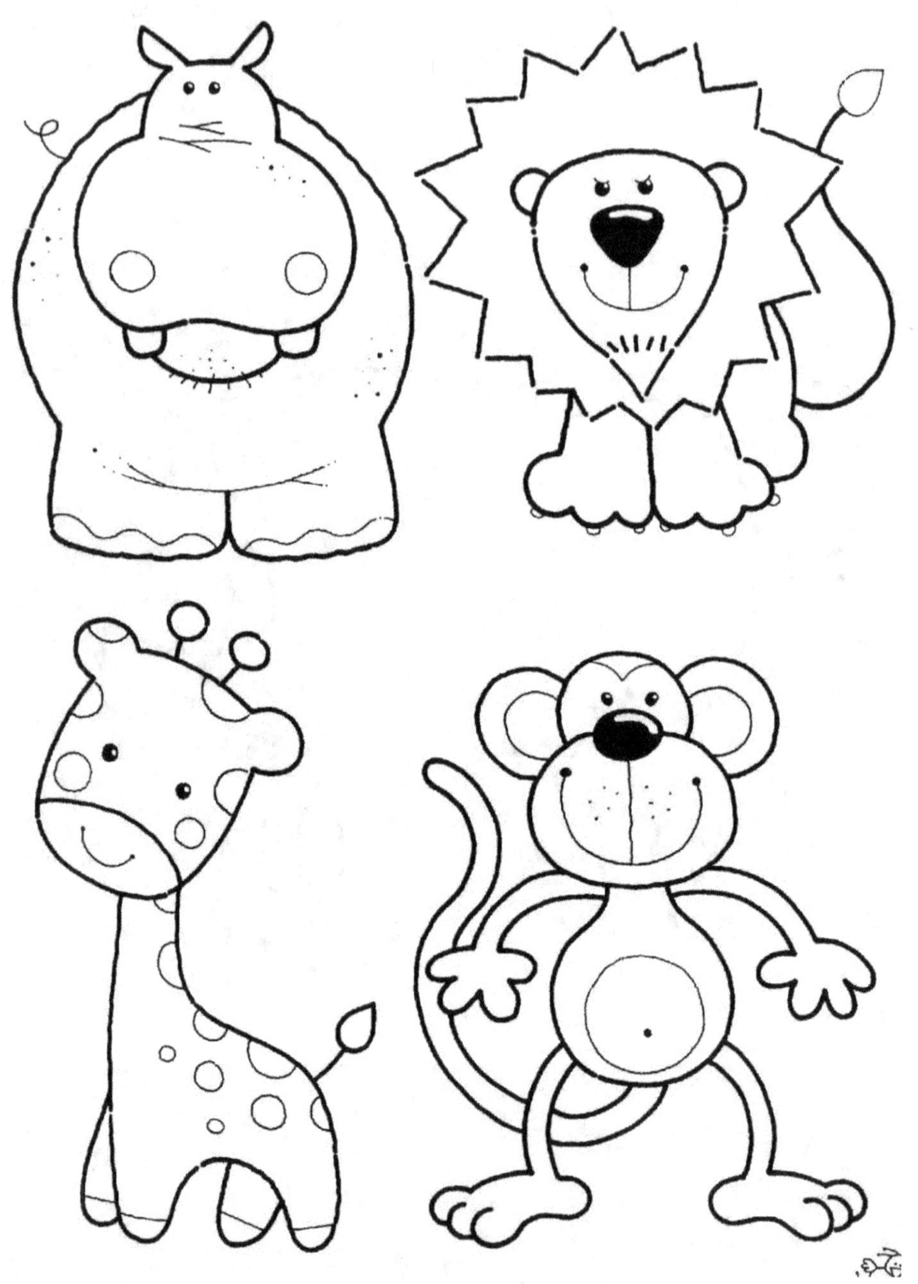

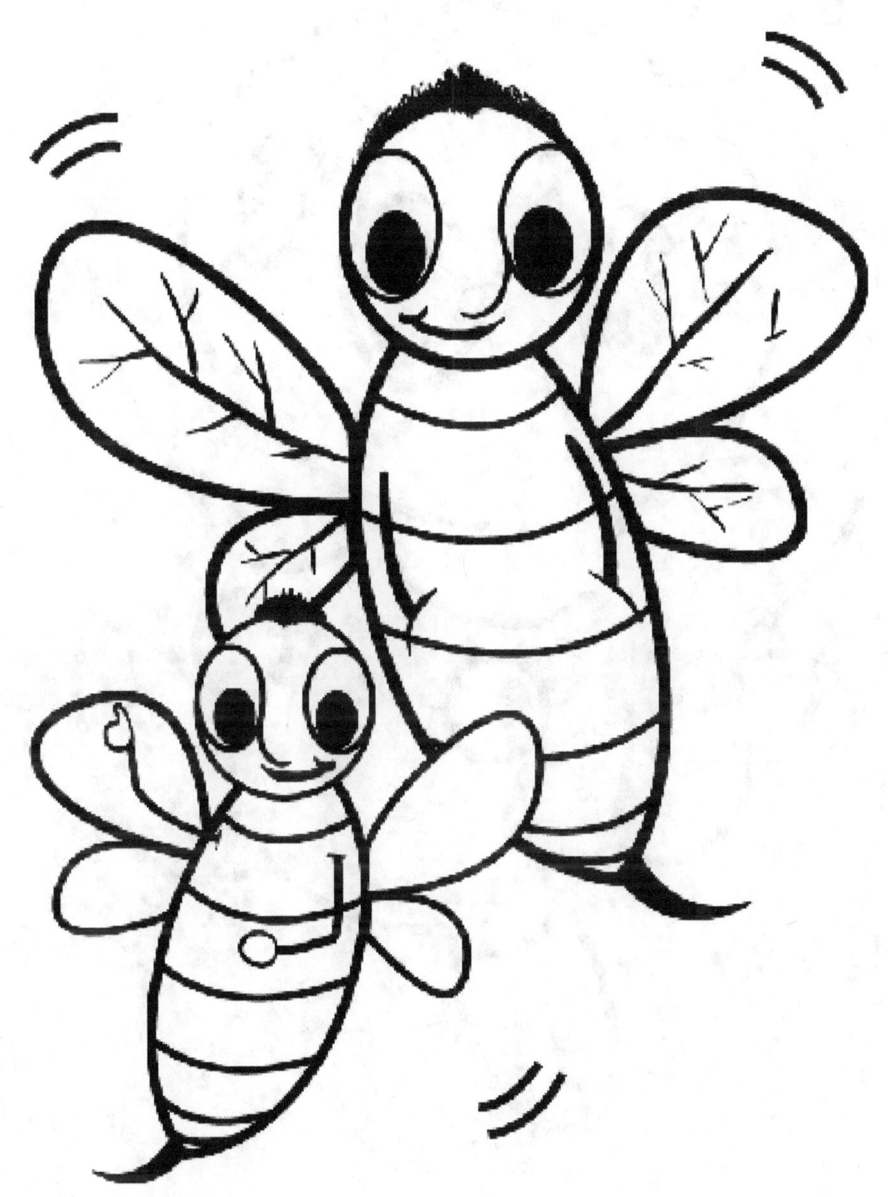

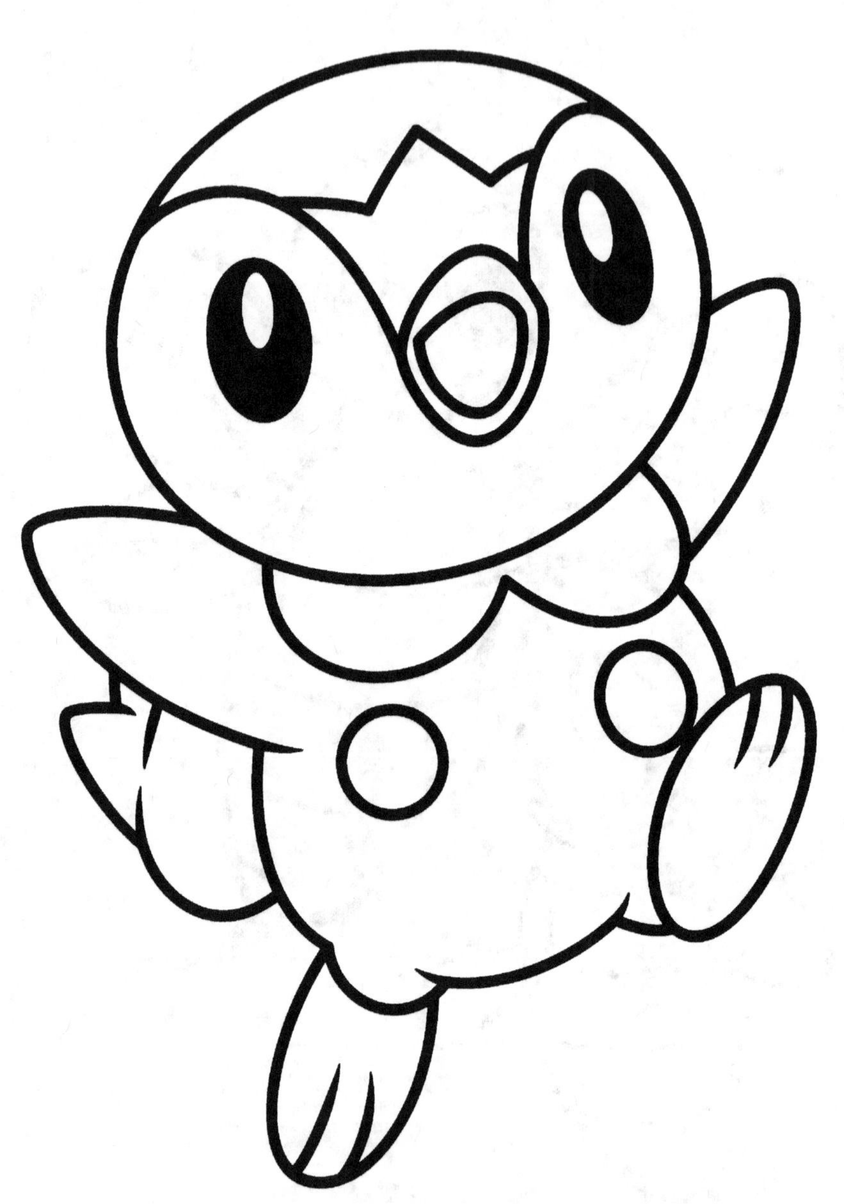

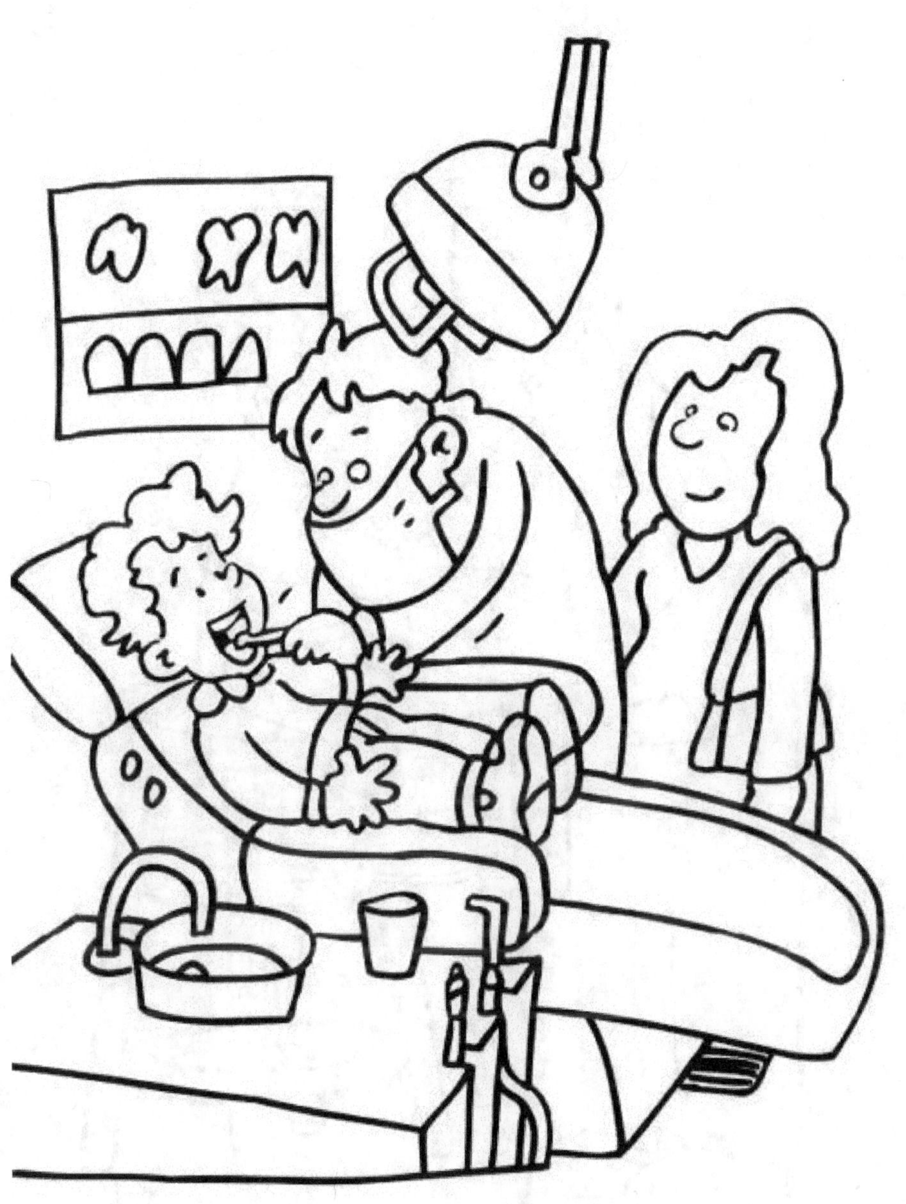

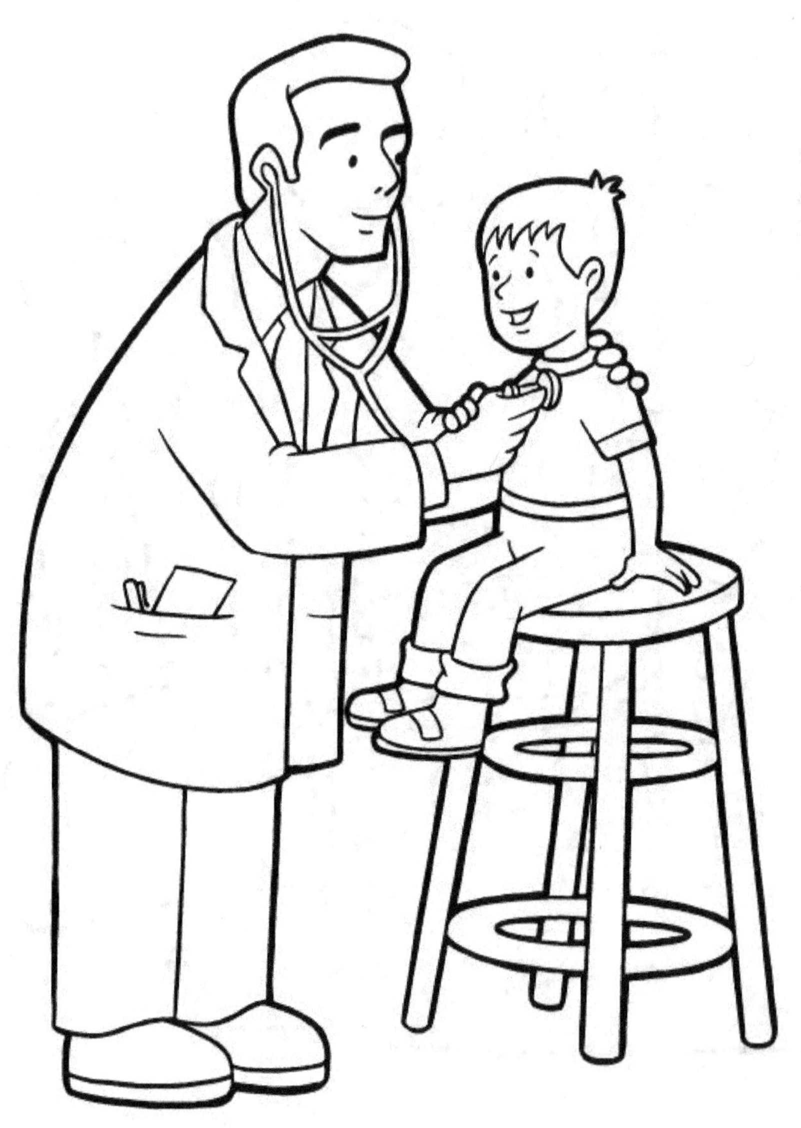

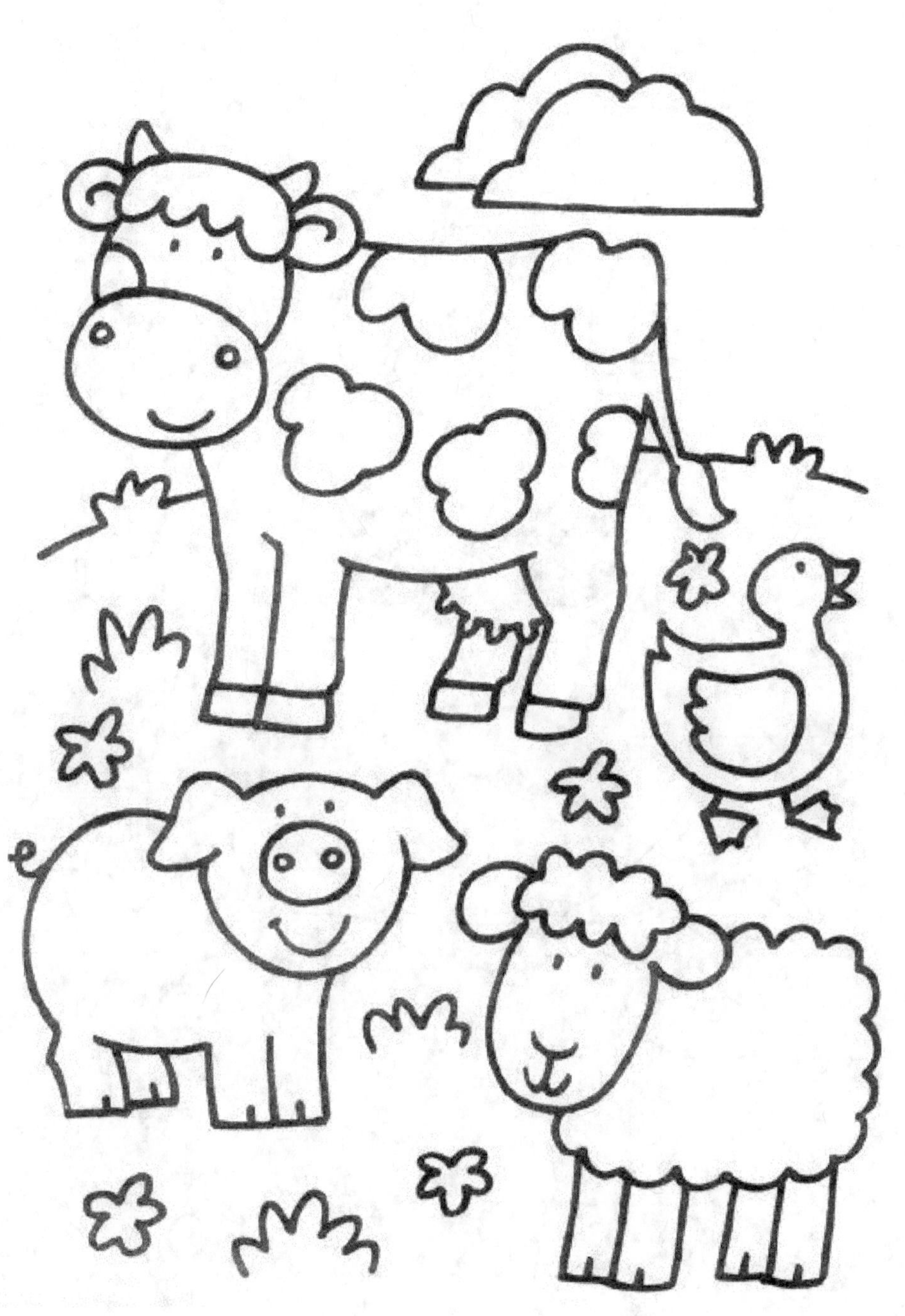

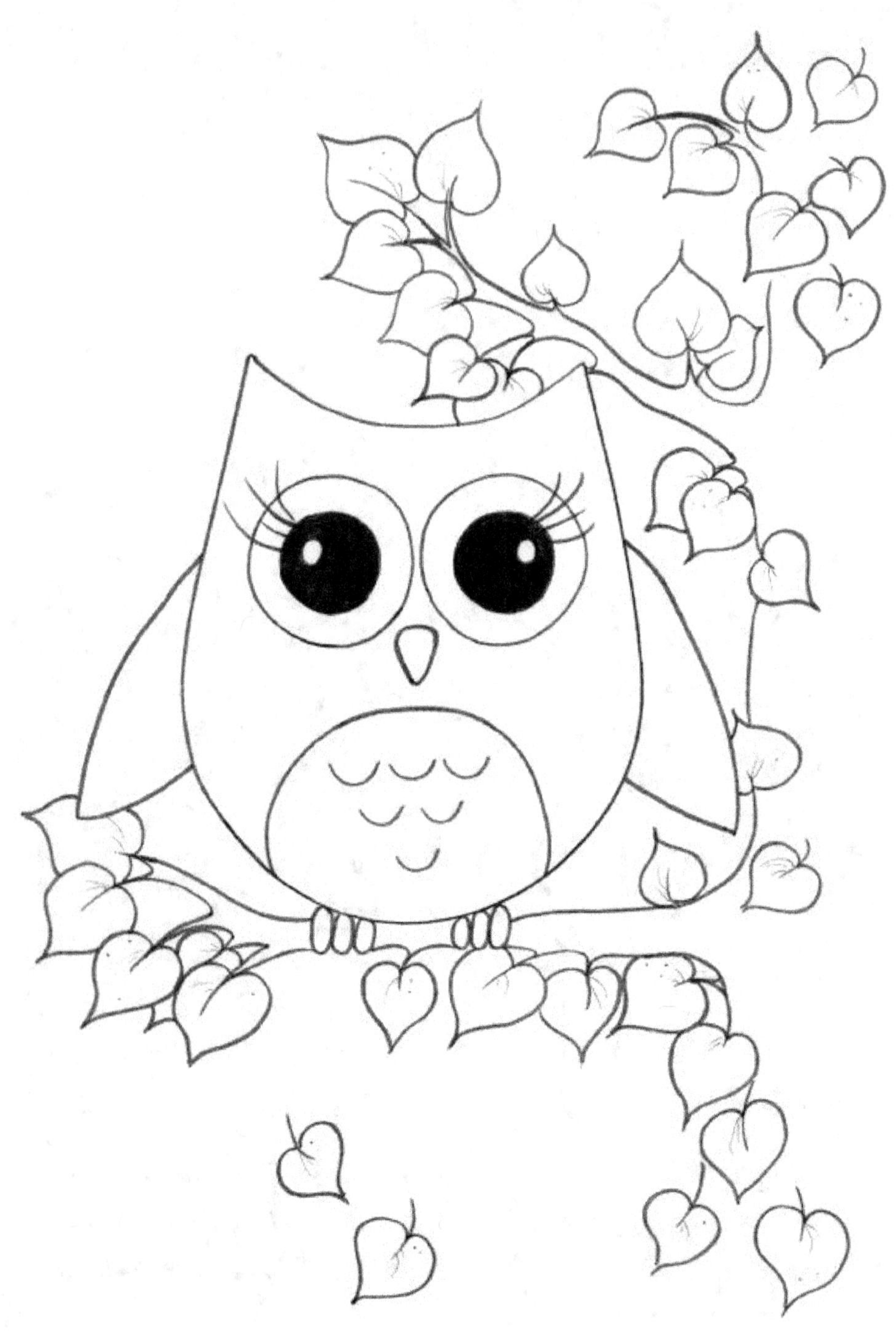

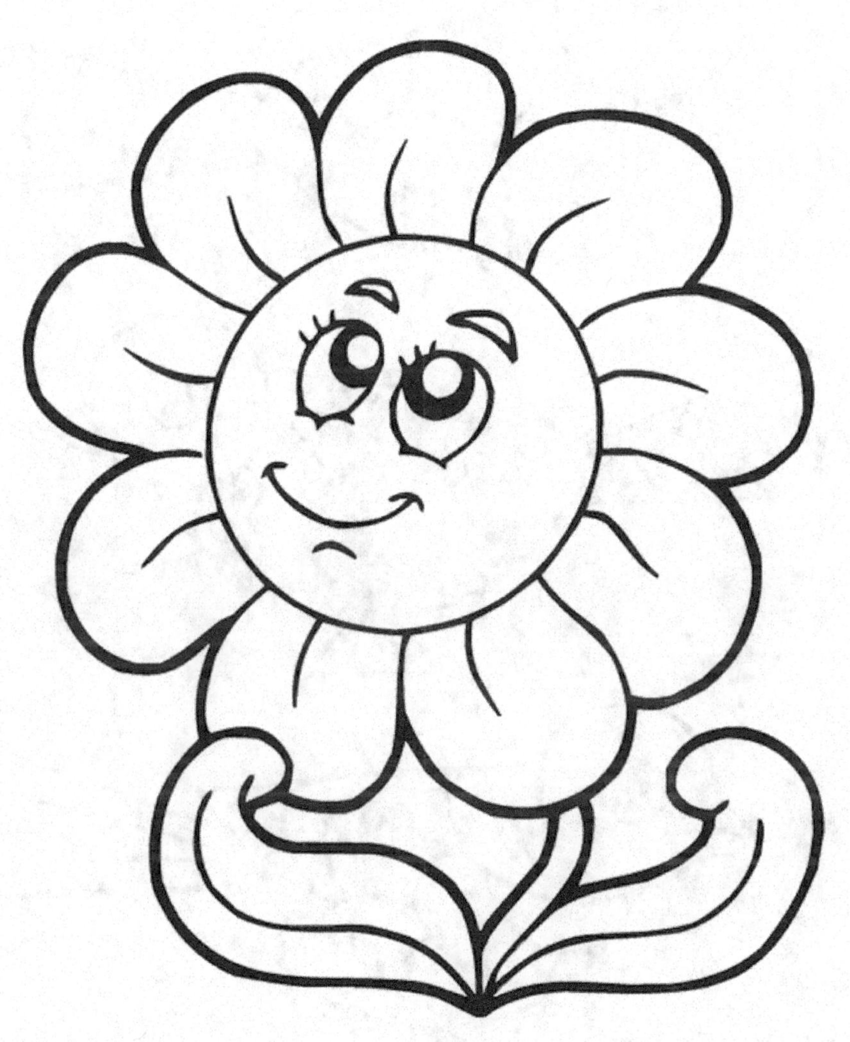

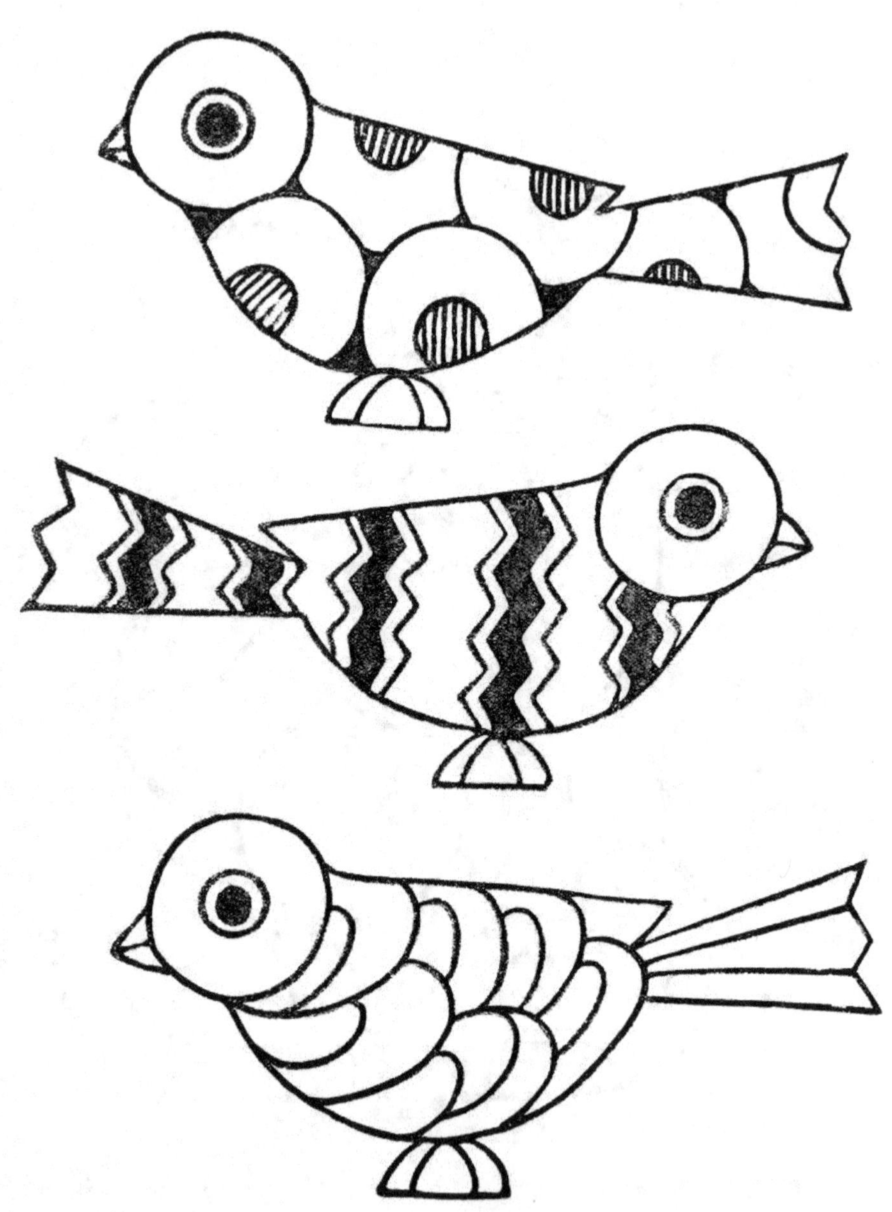

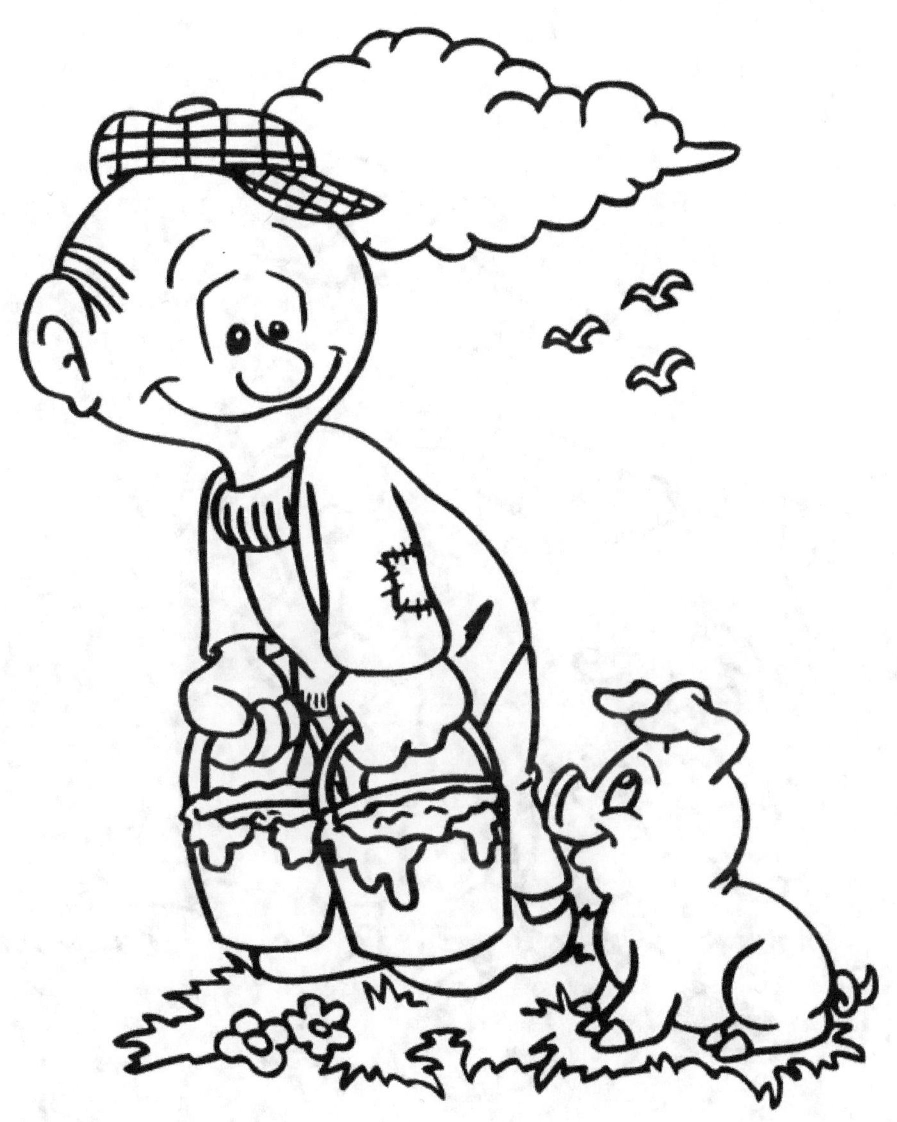

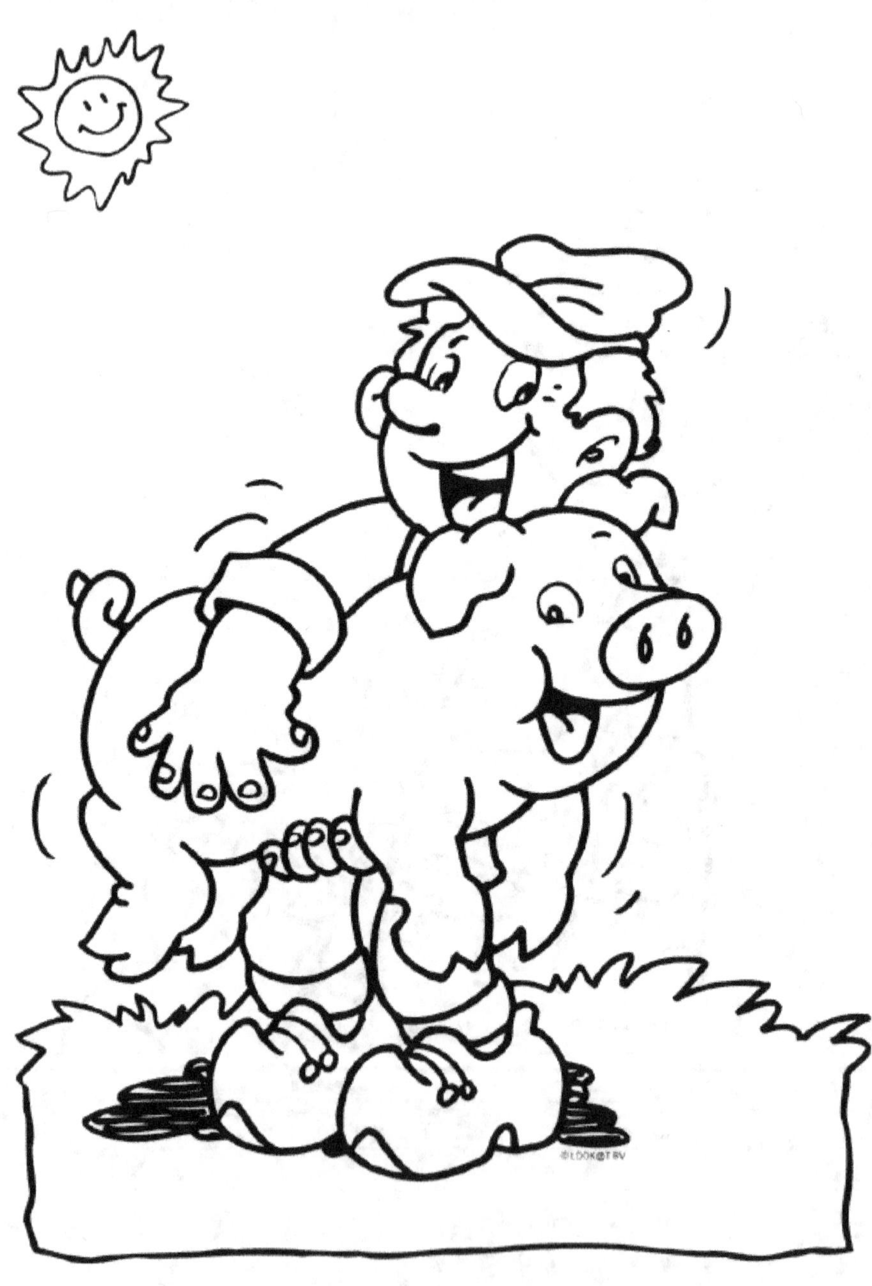

©LOOK@TRV

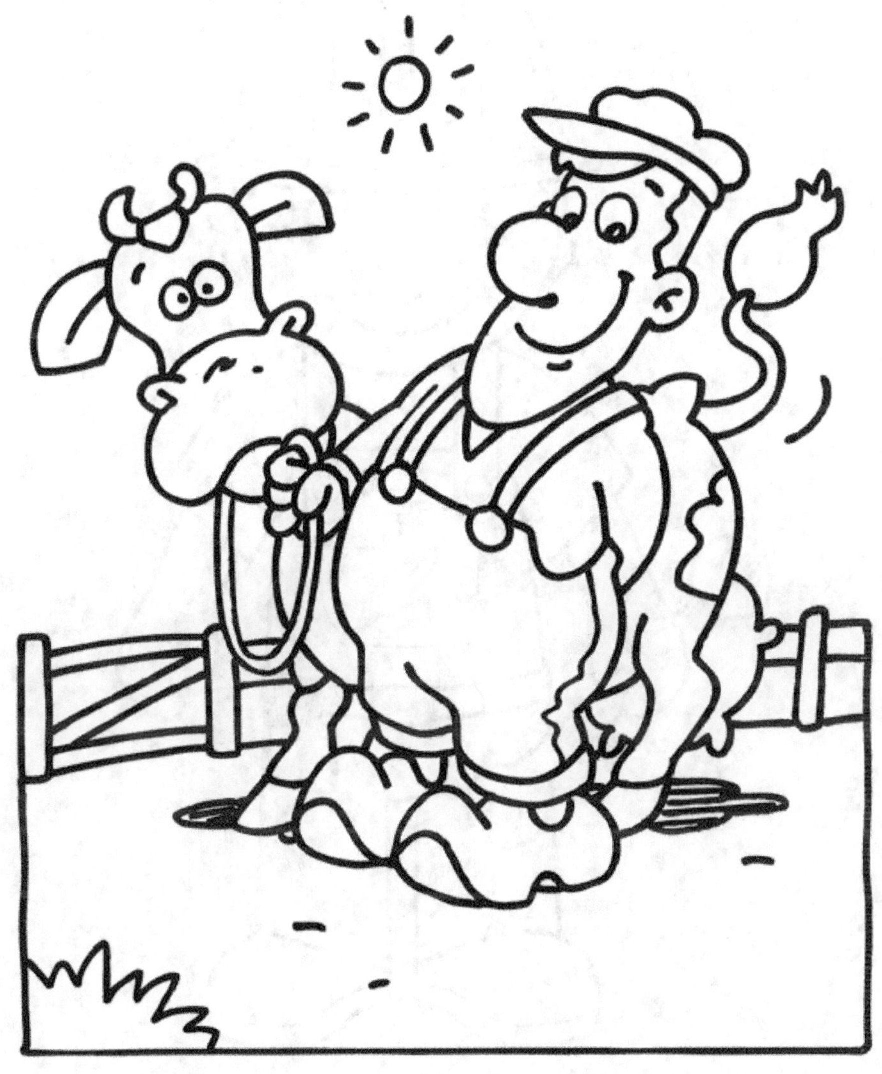

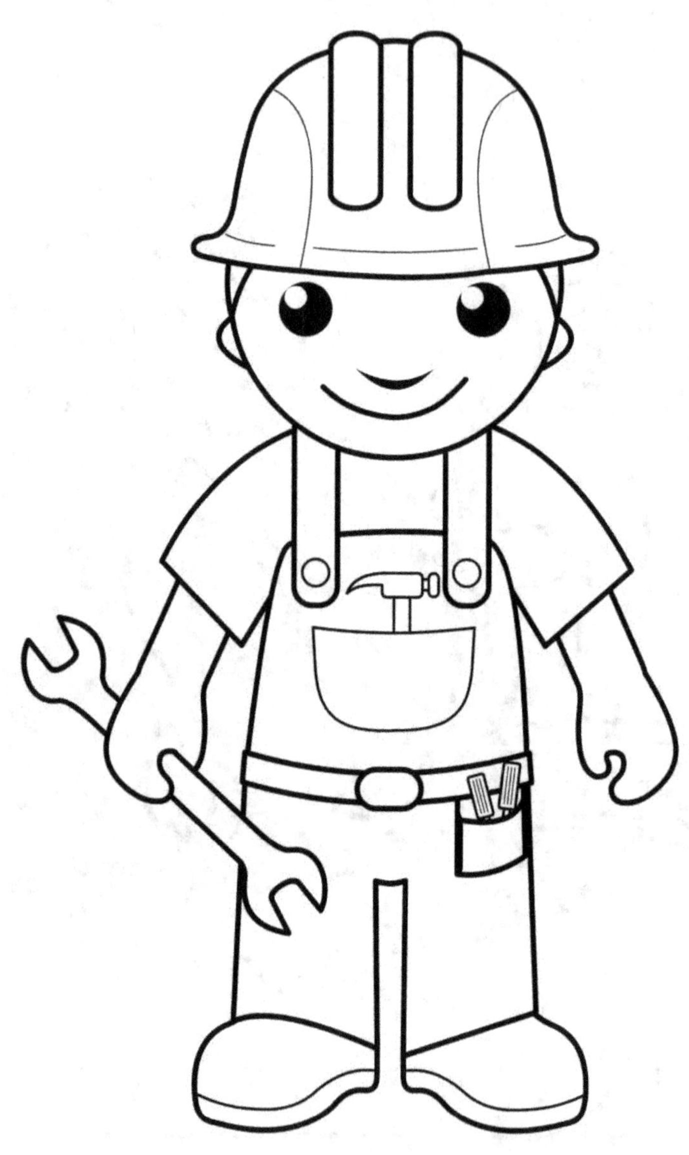

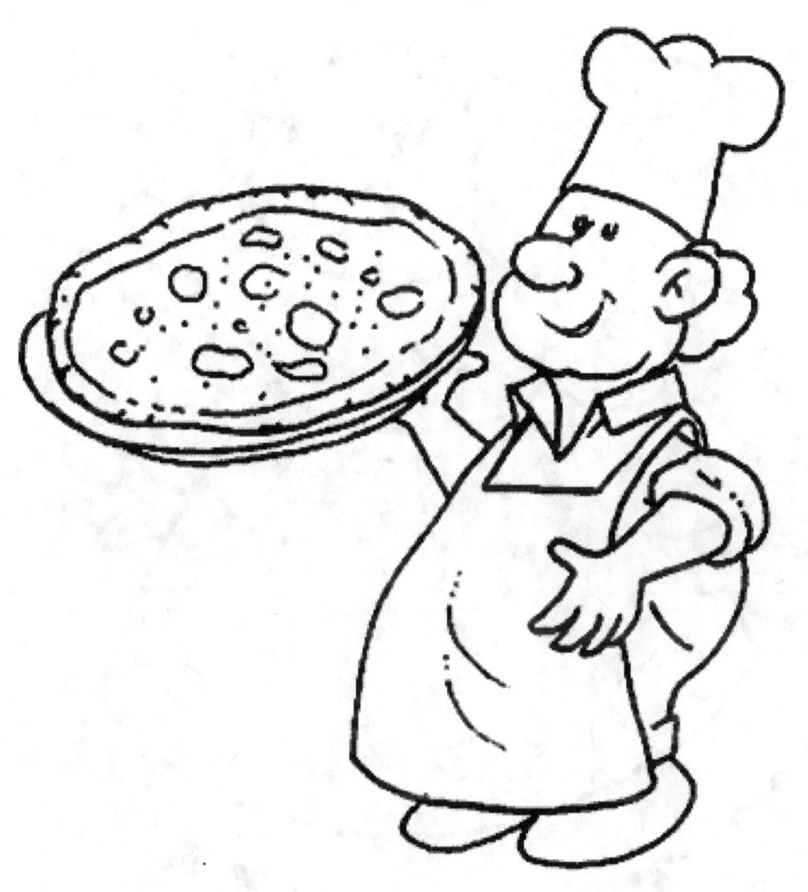

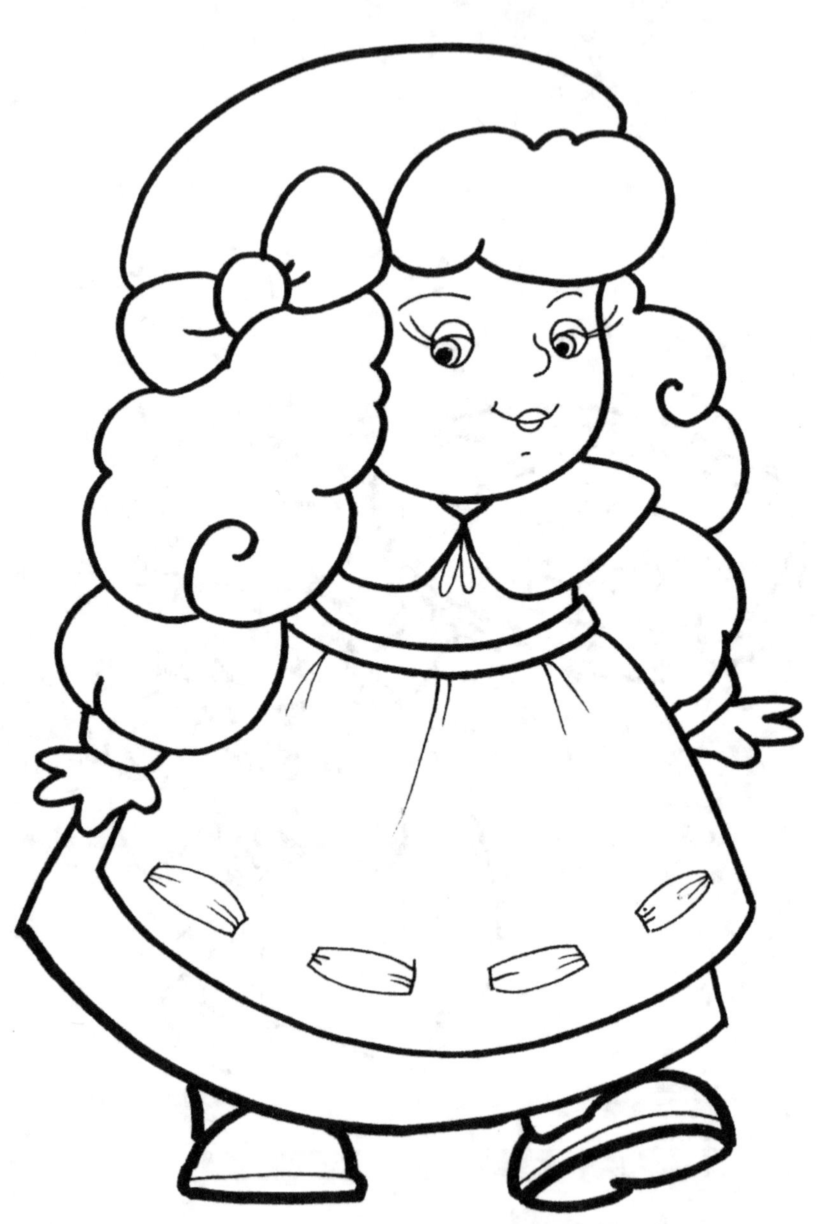

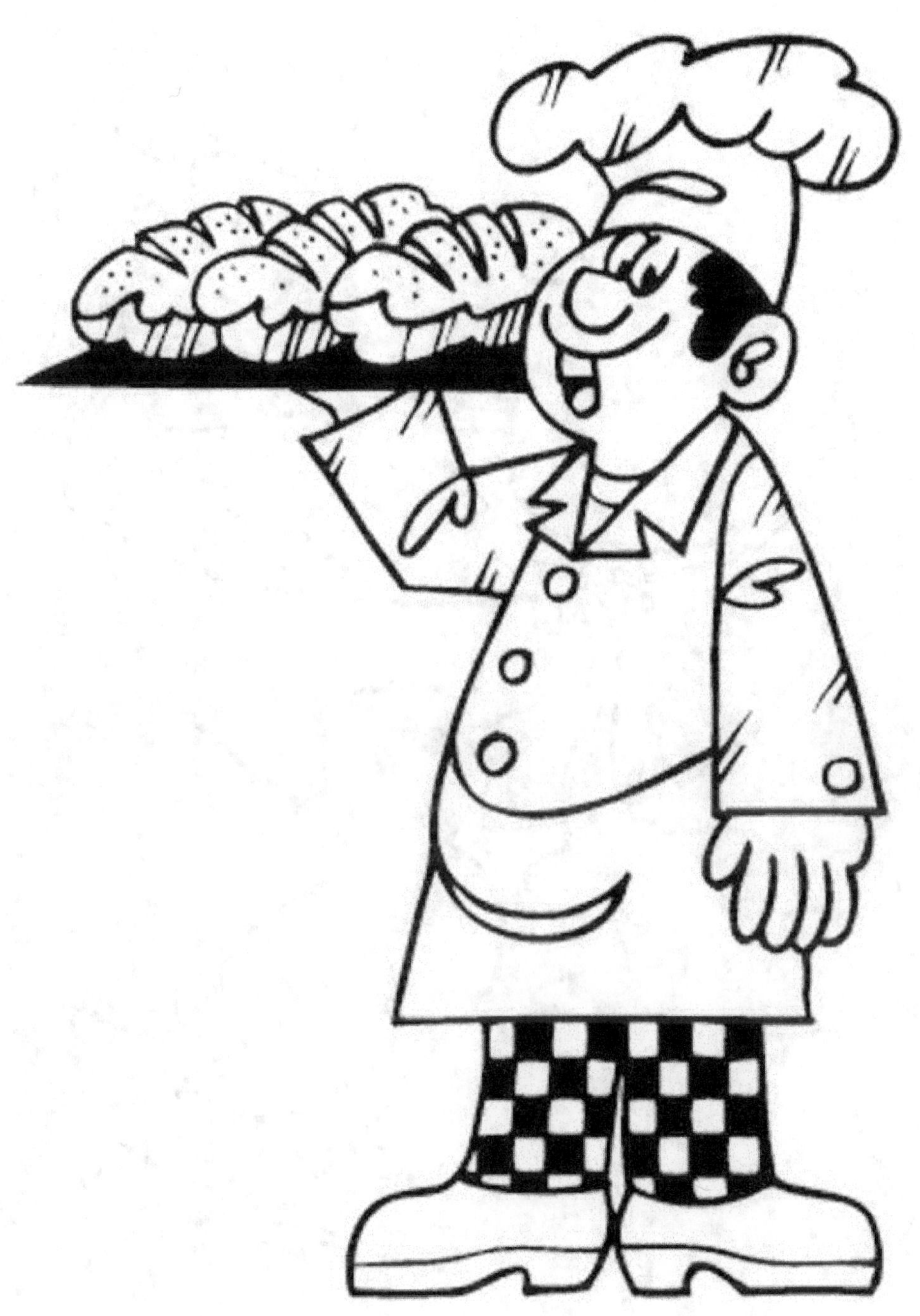

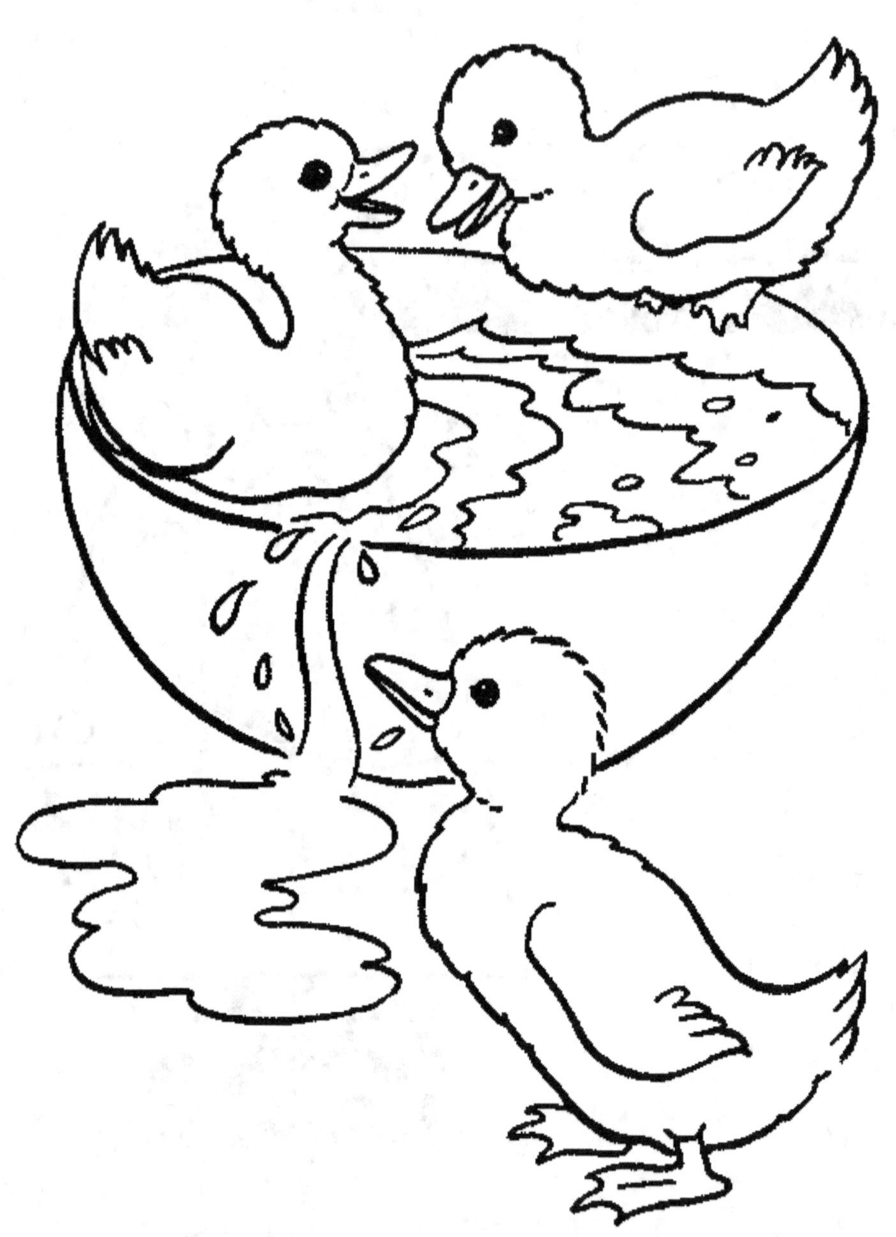

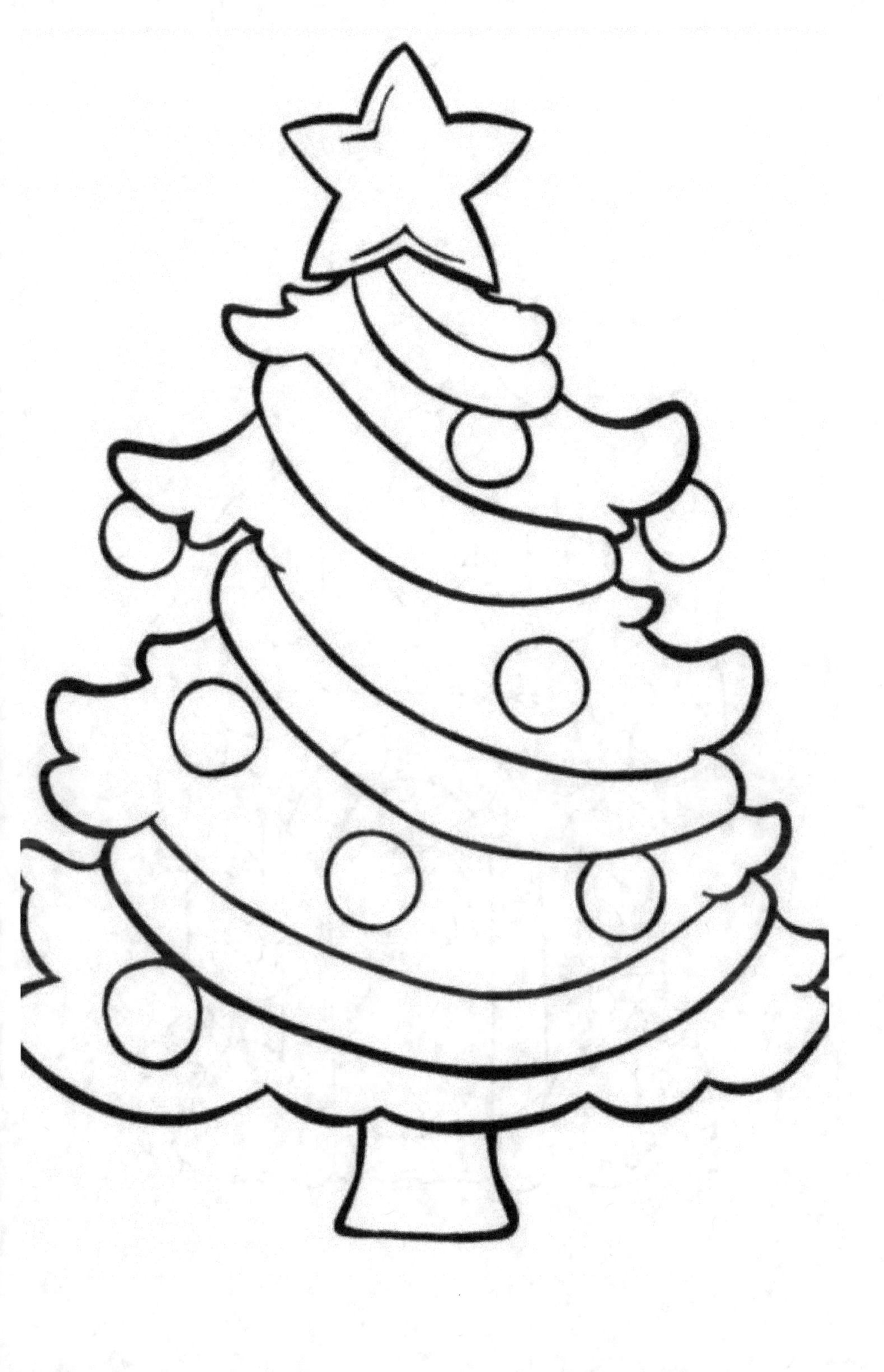

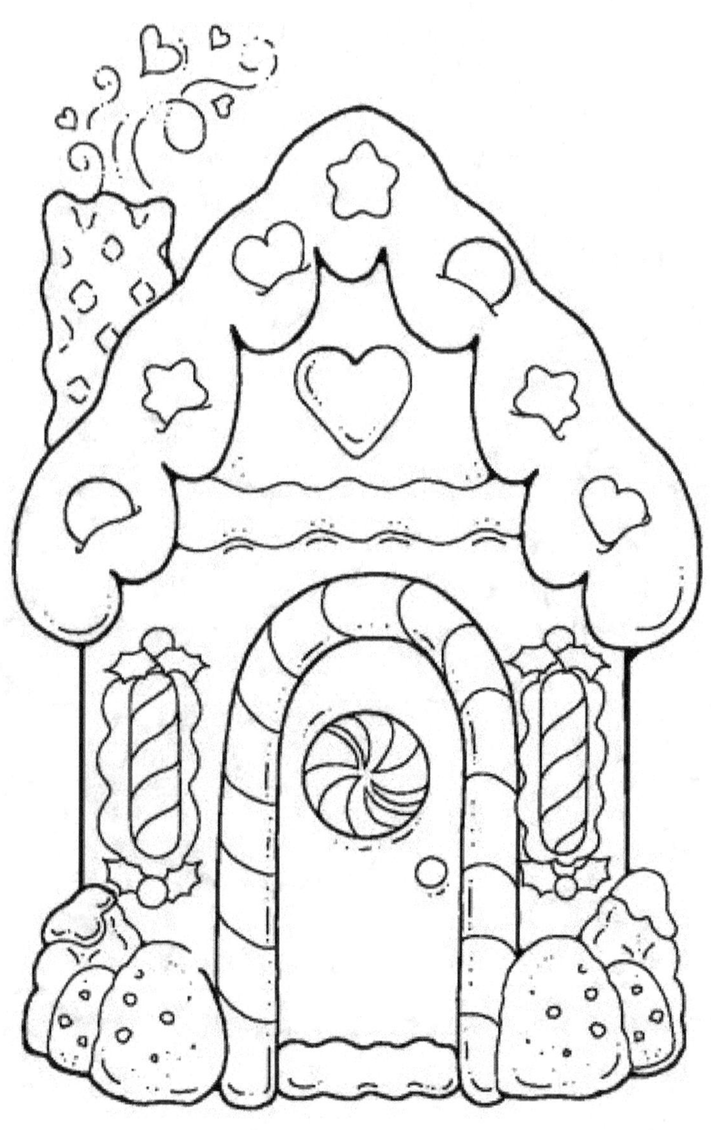

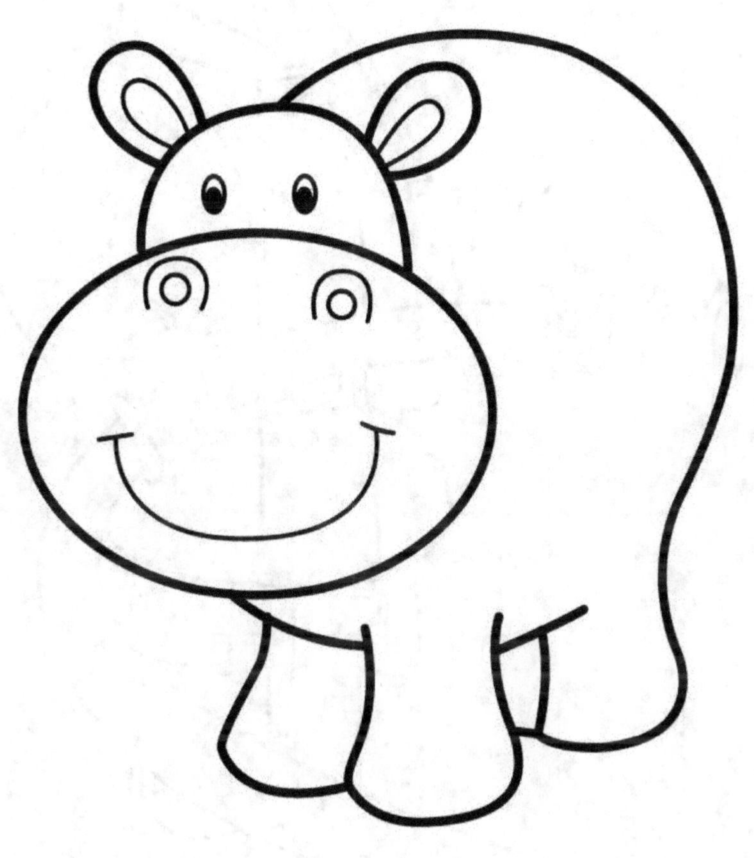

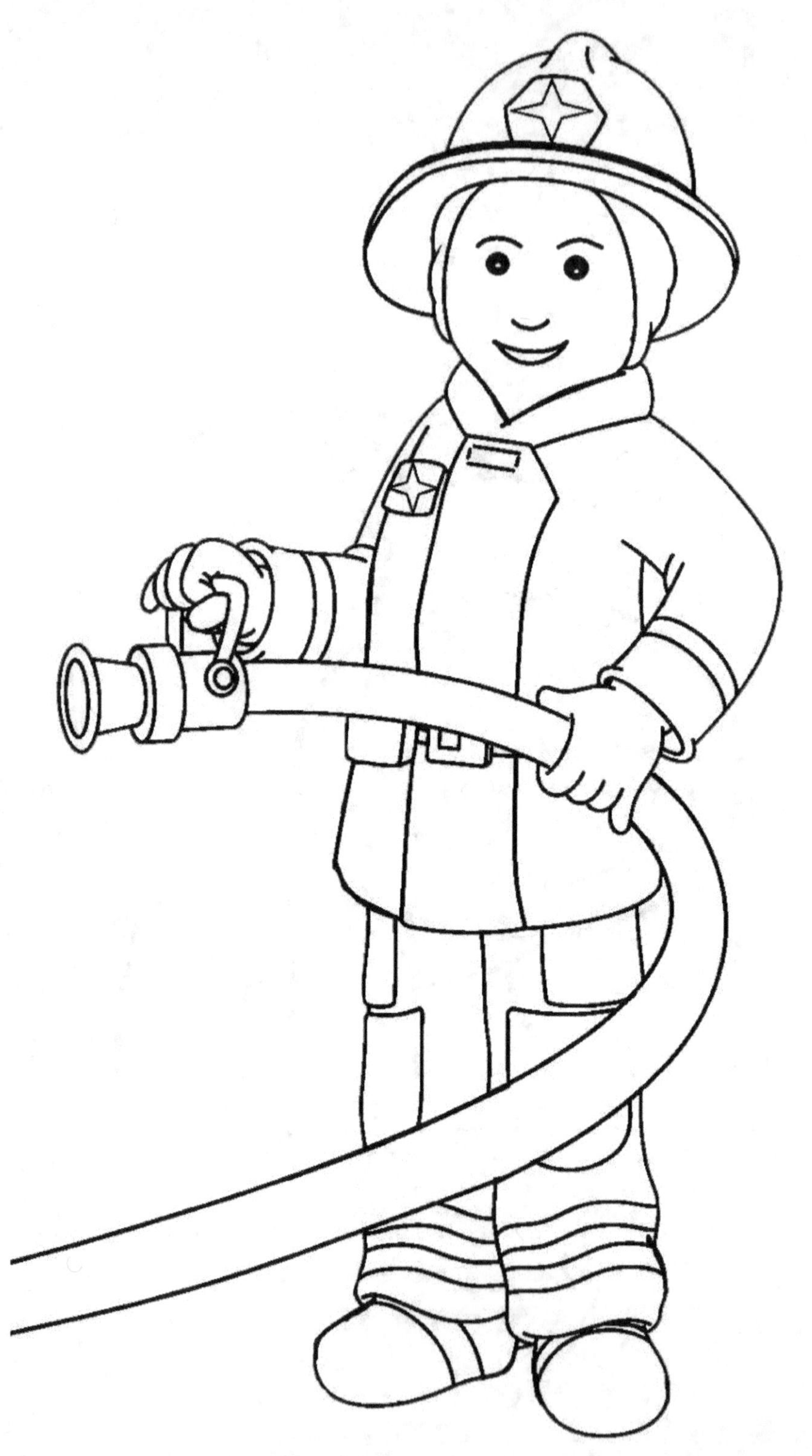

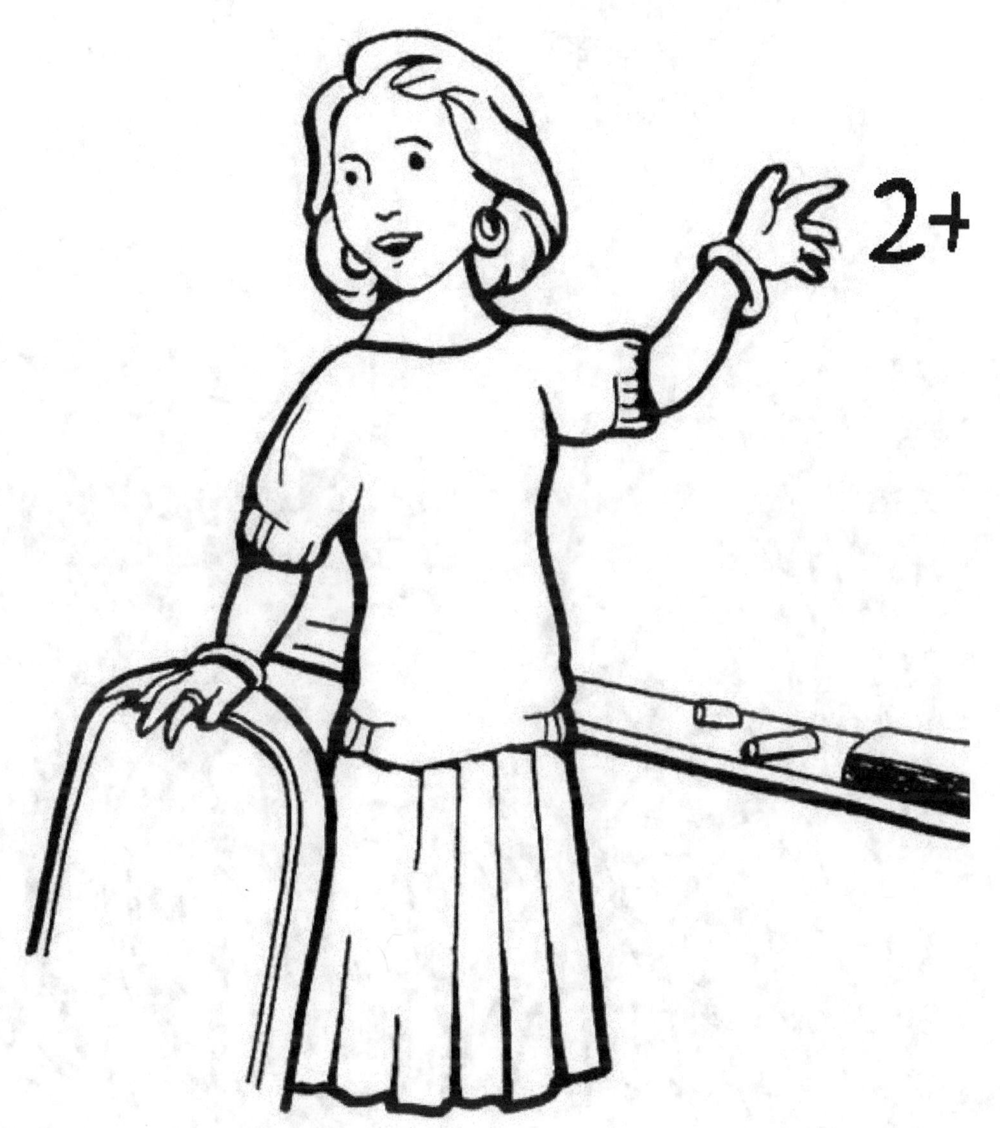

2+

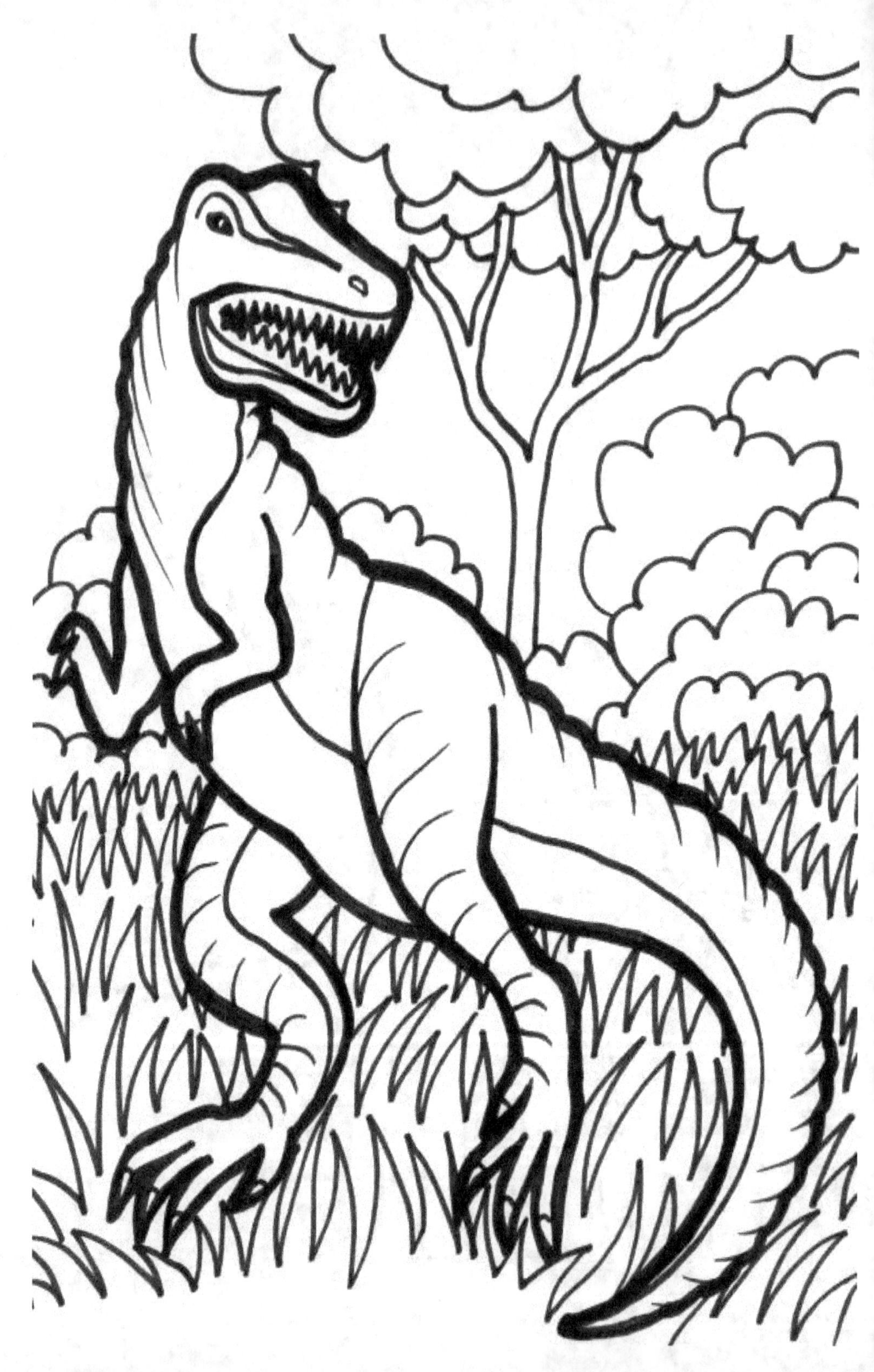

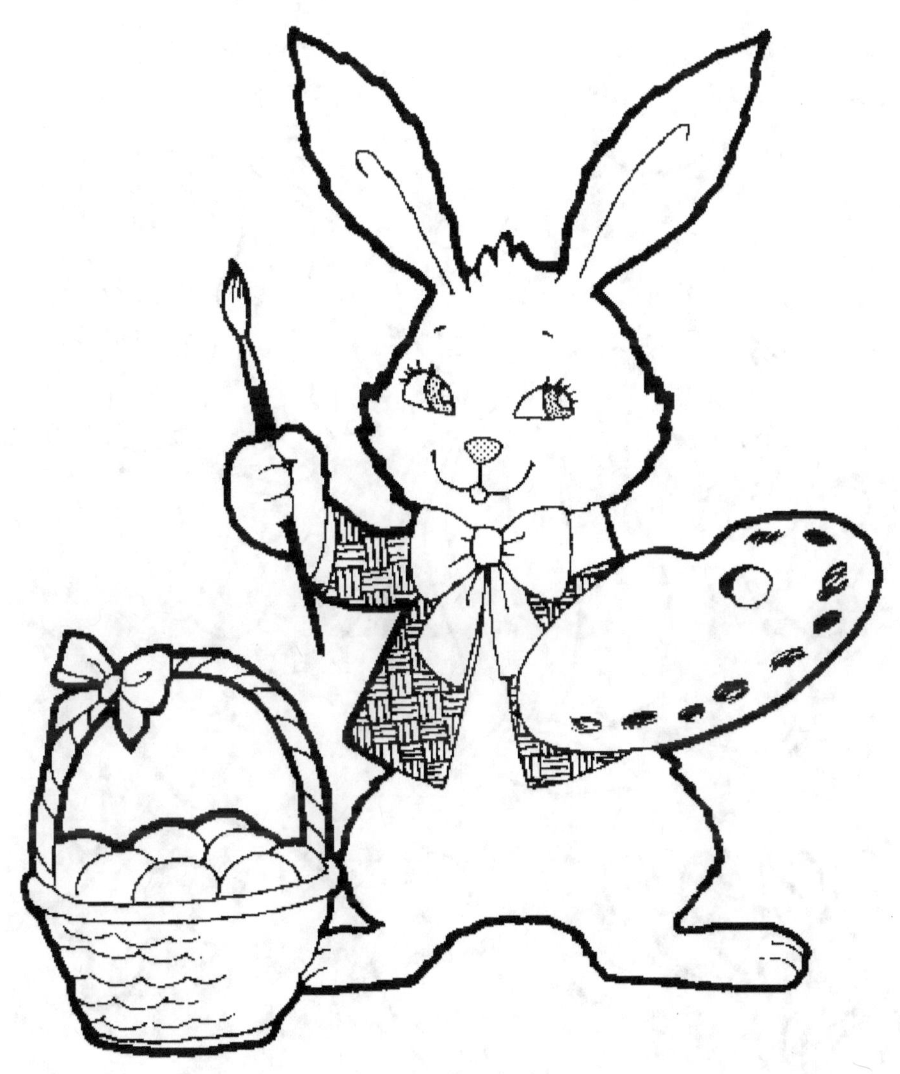

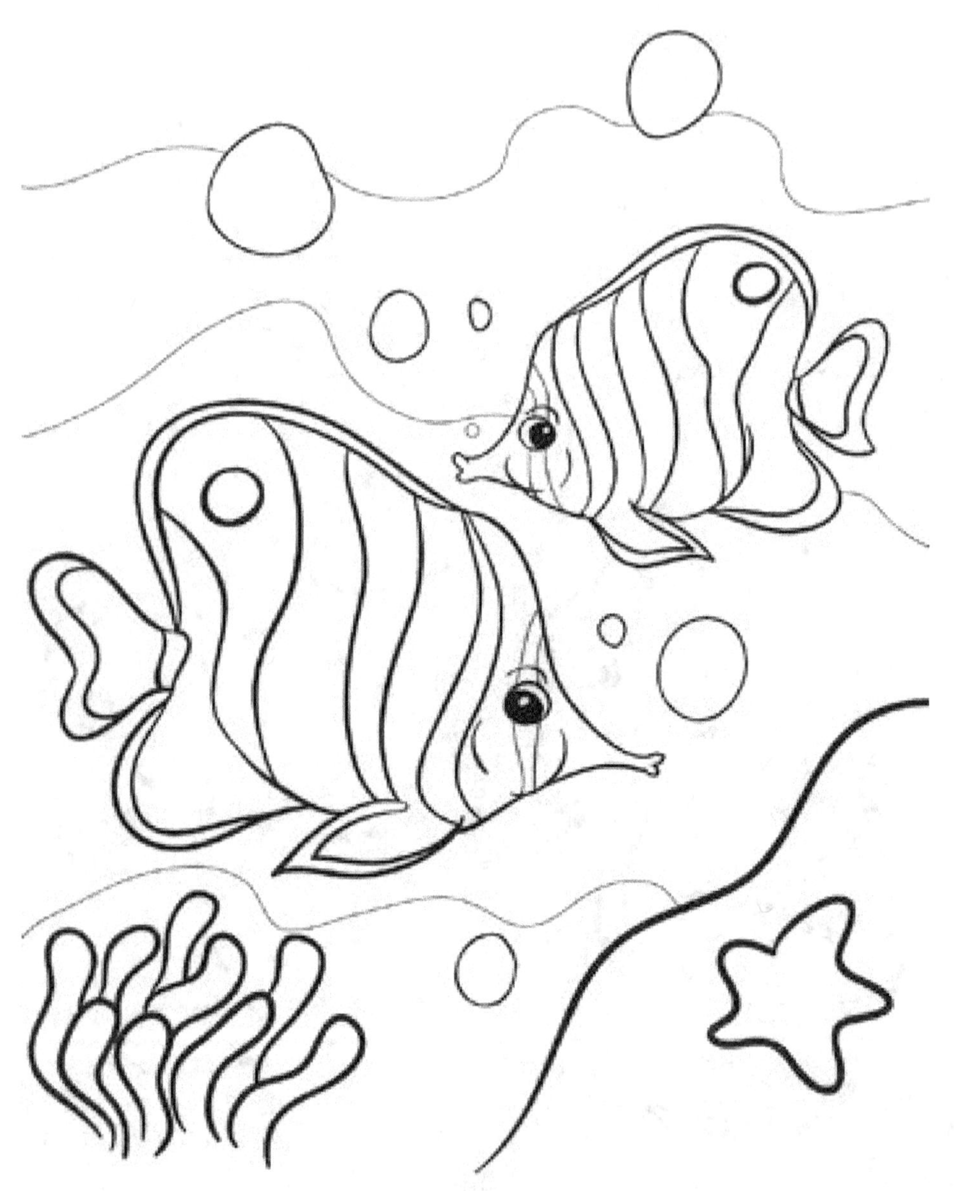

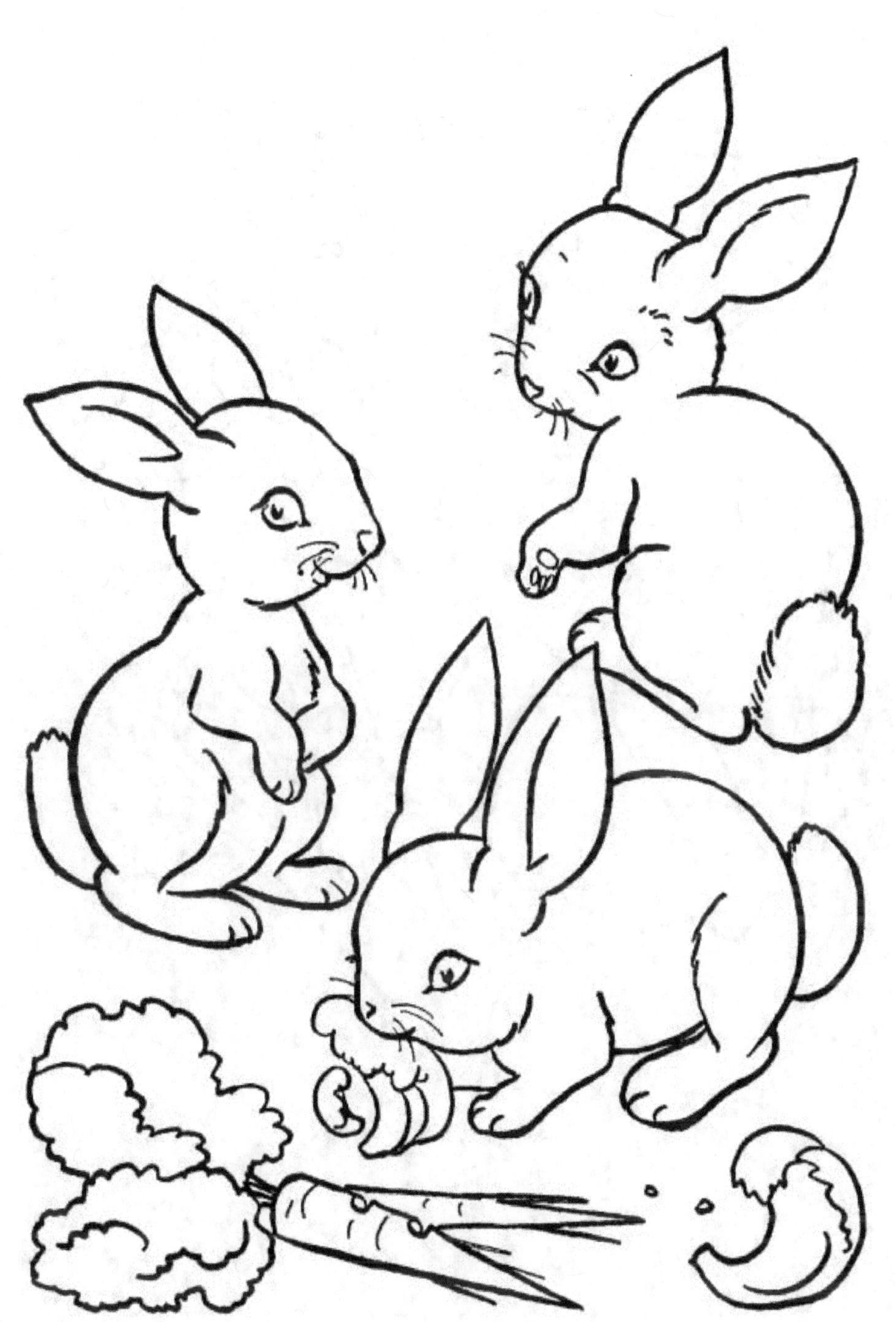

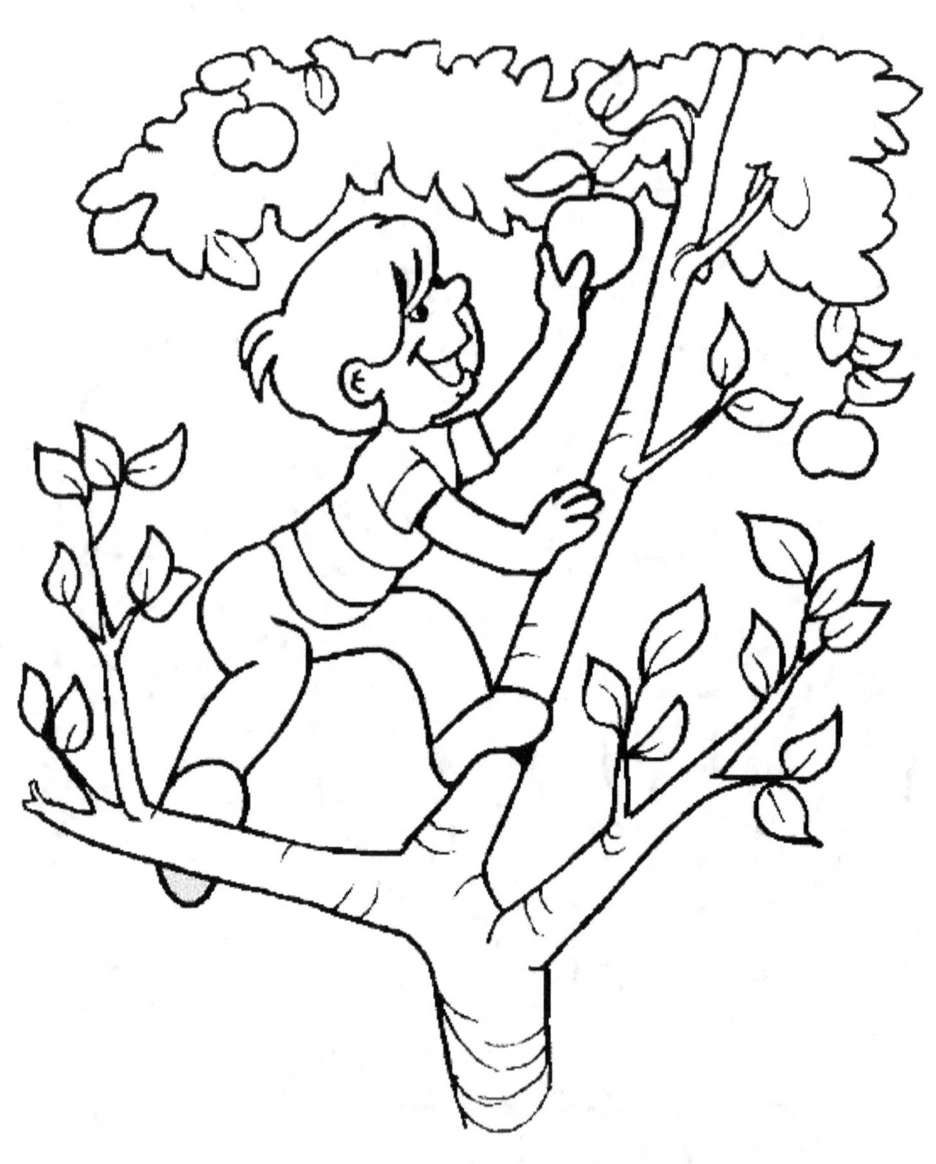

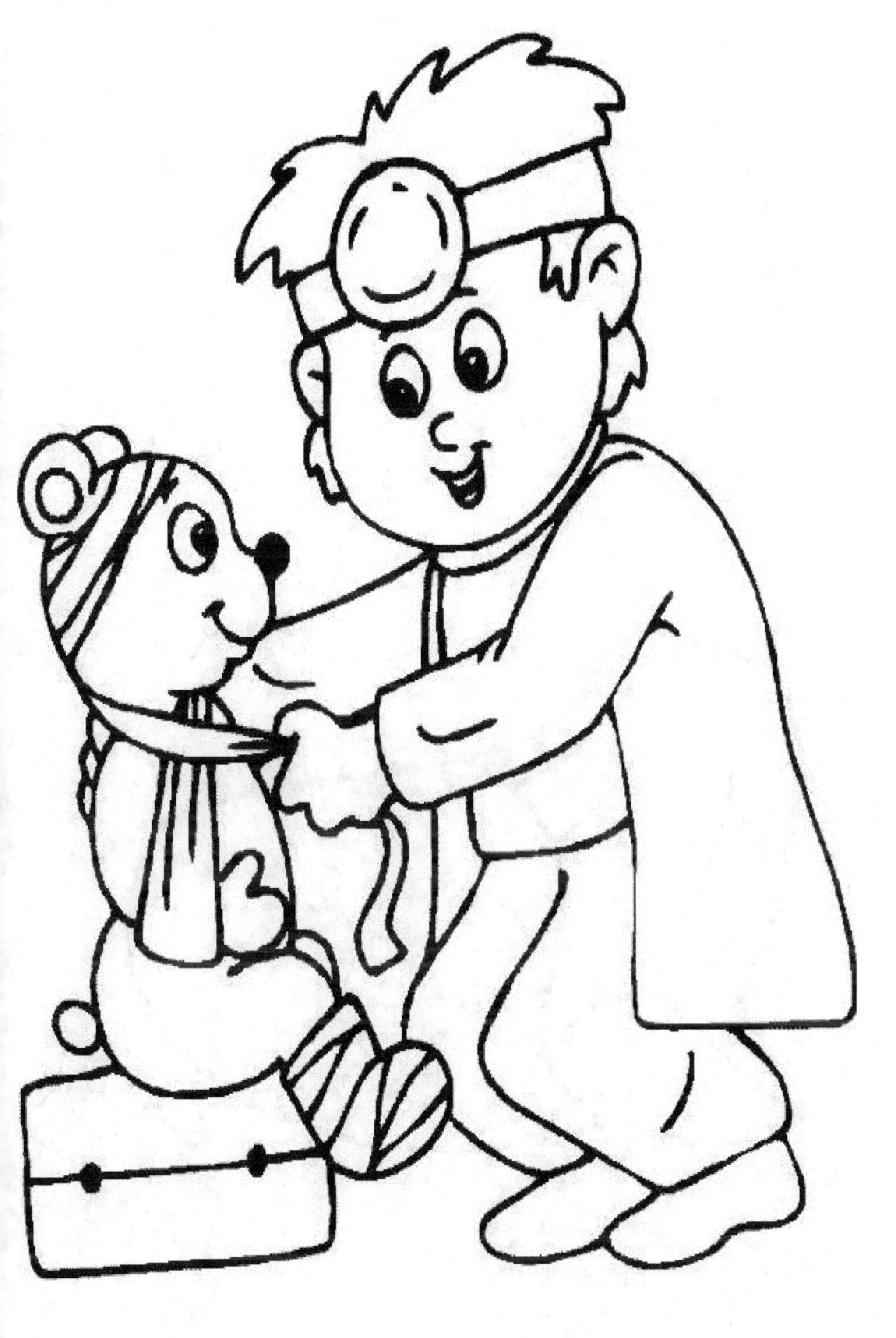

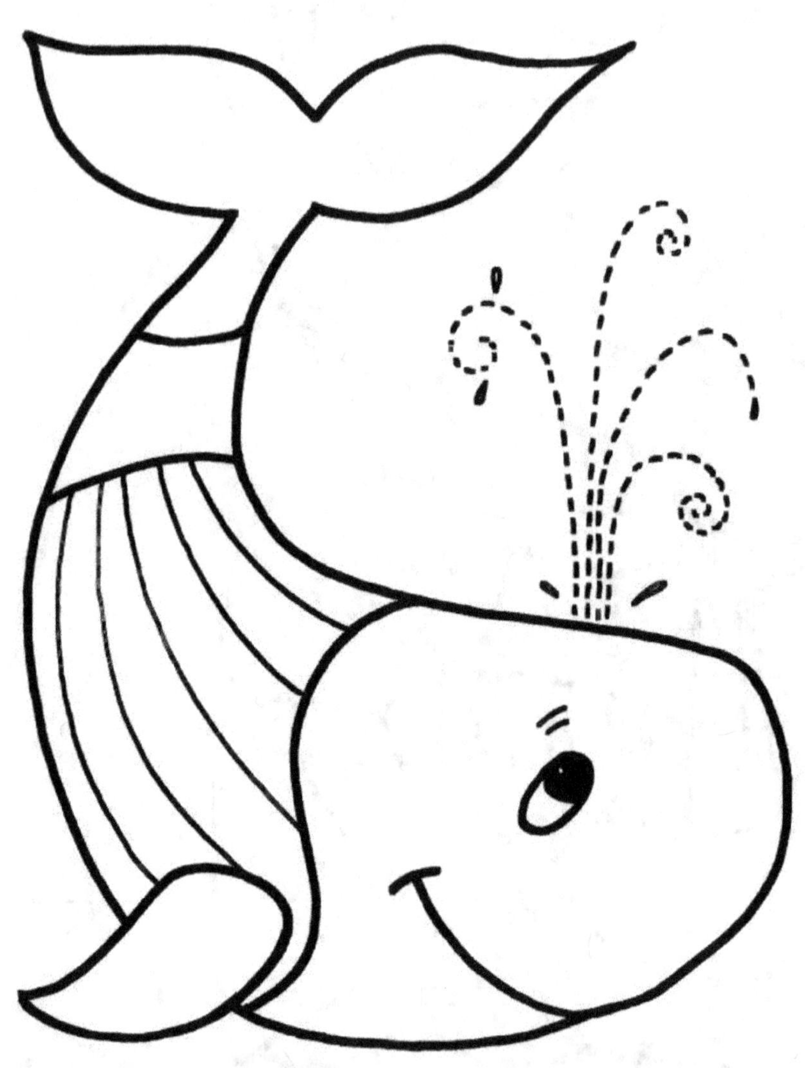

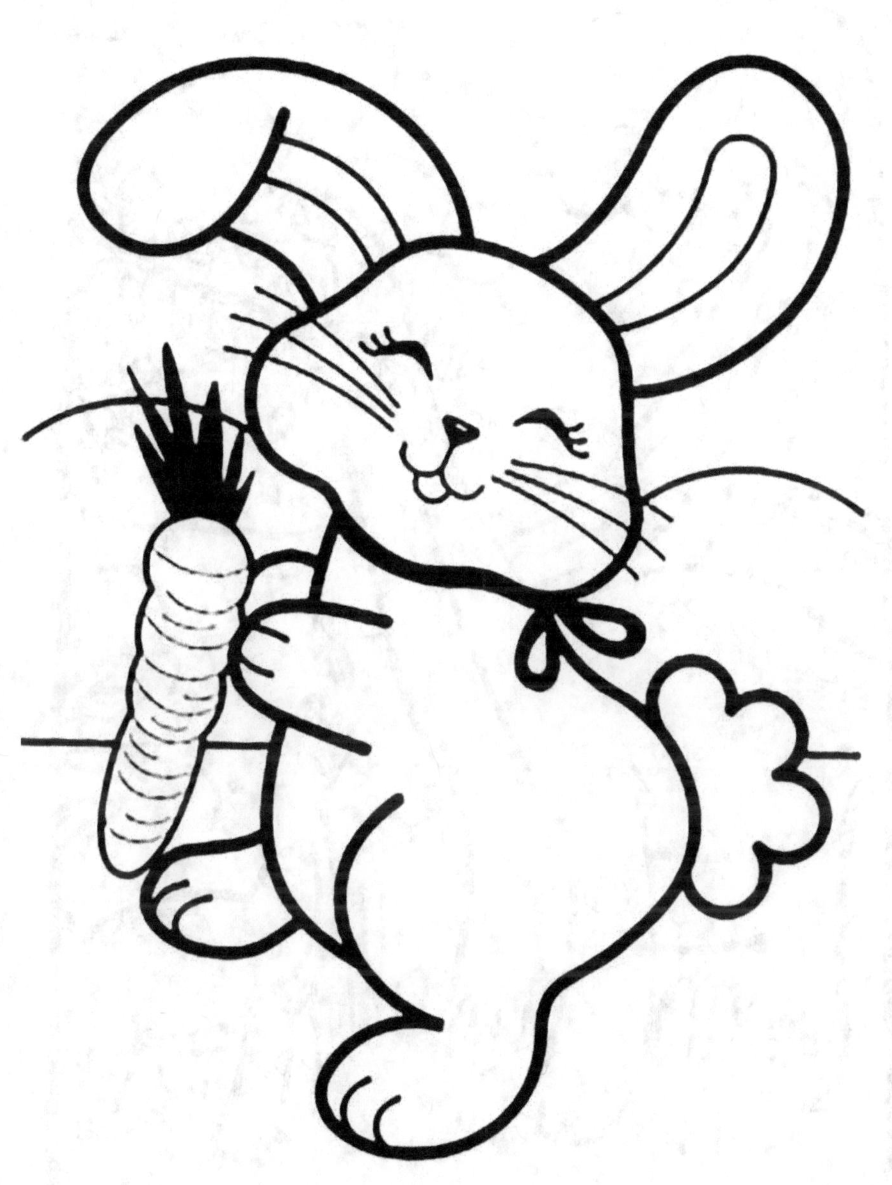

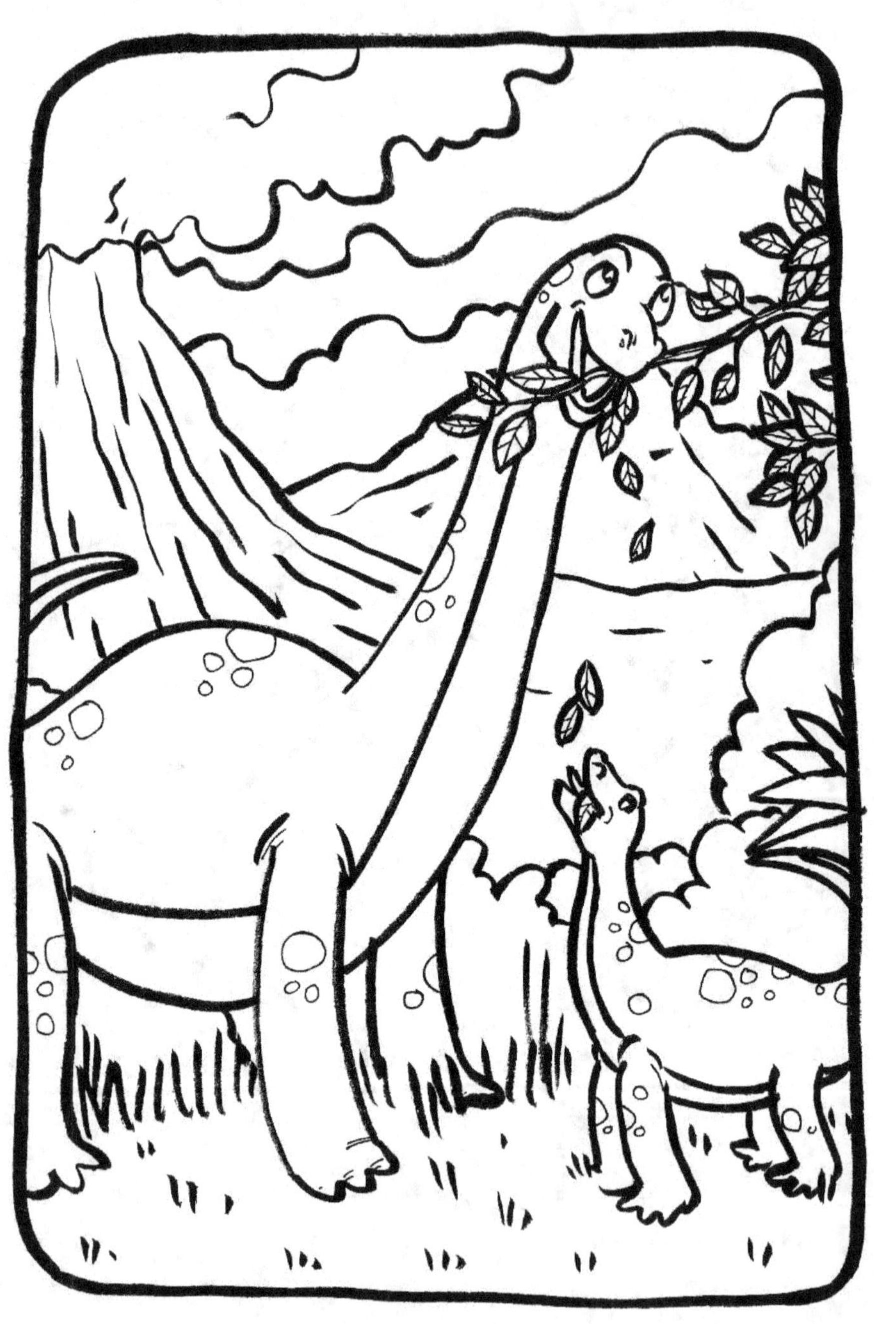

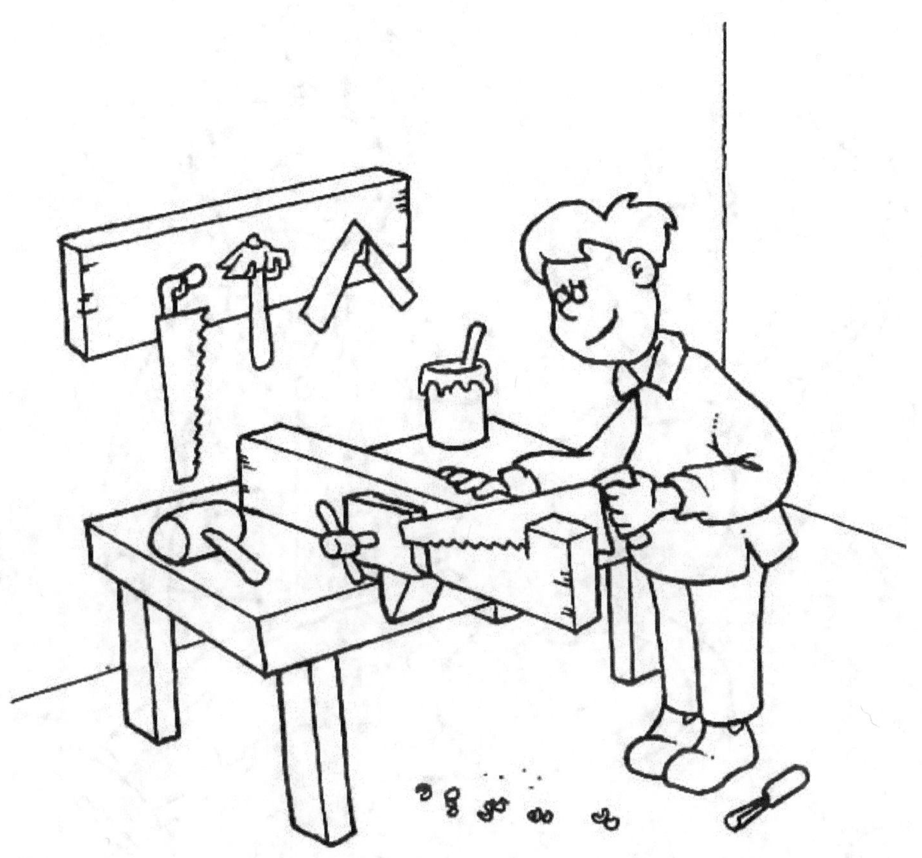

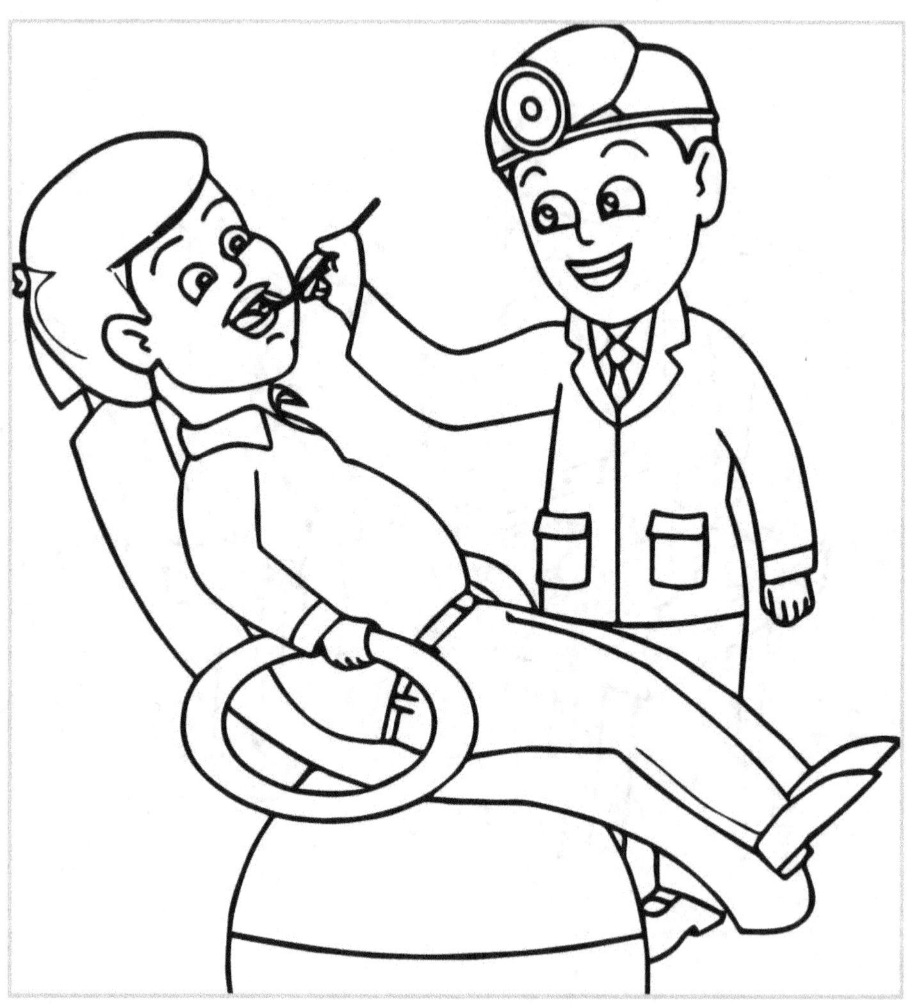

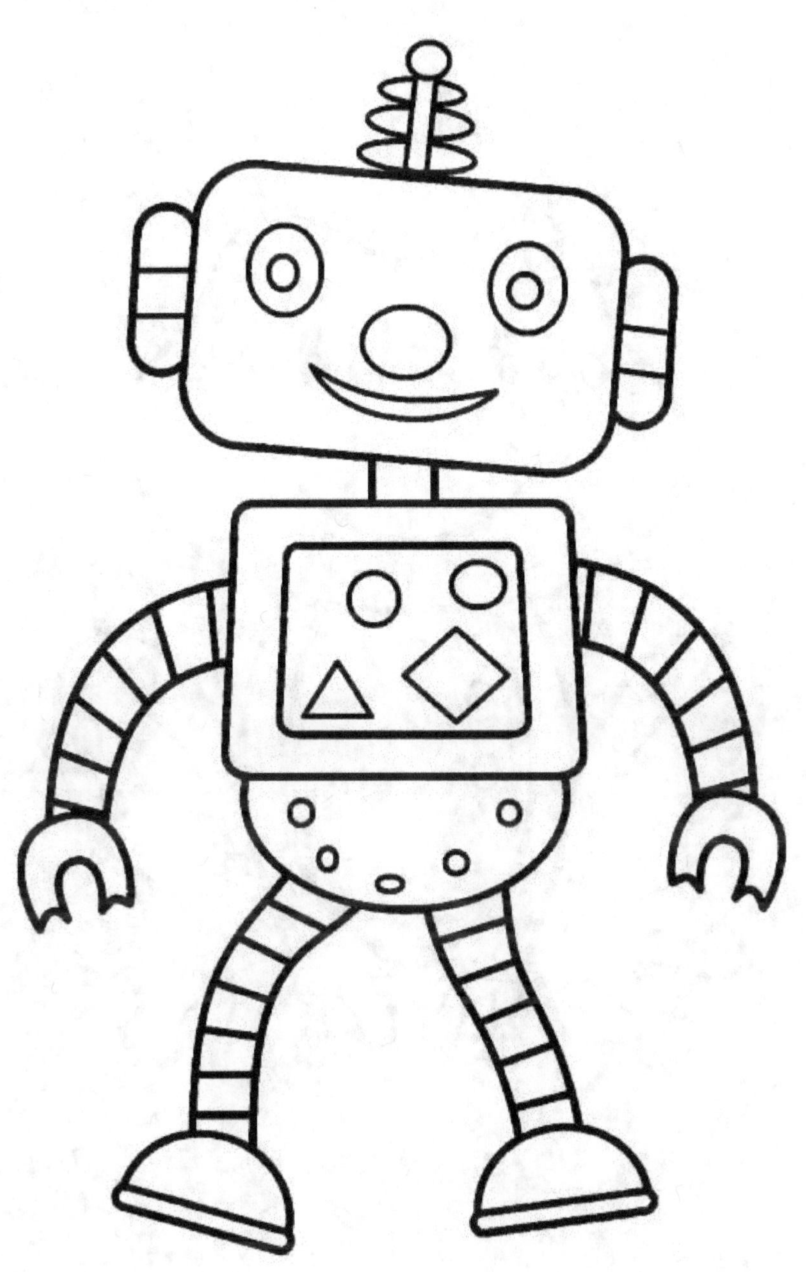

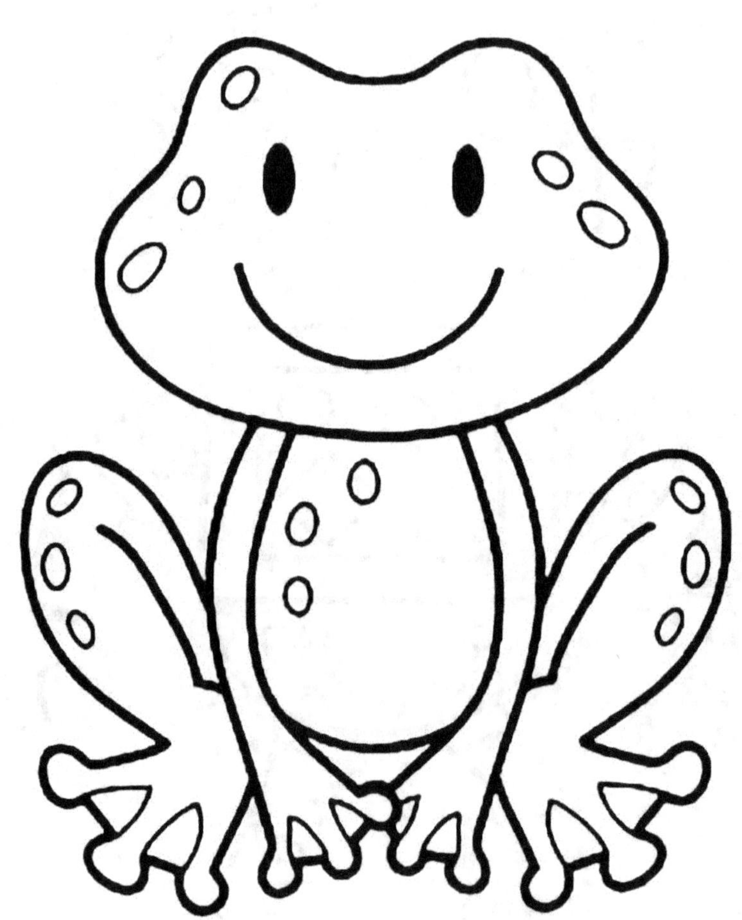

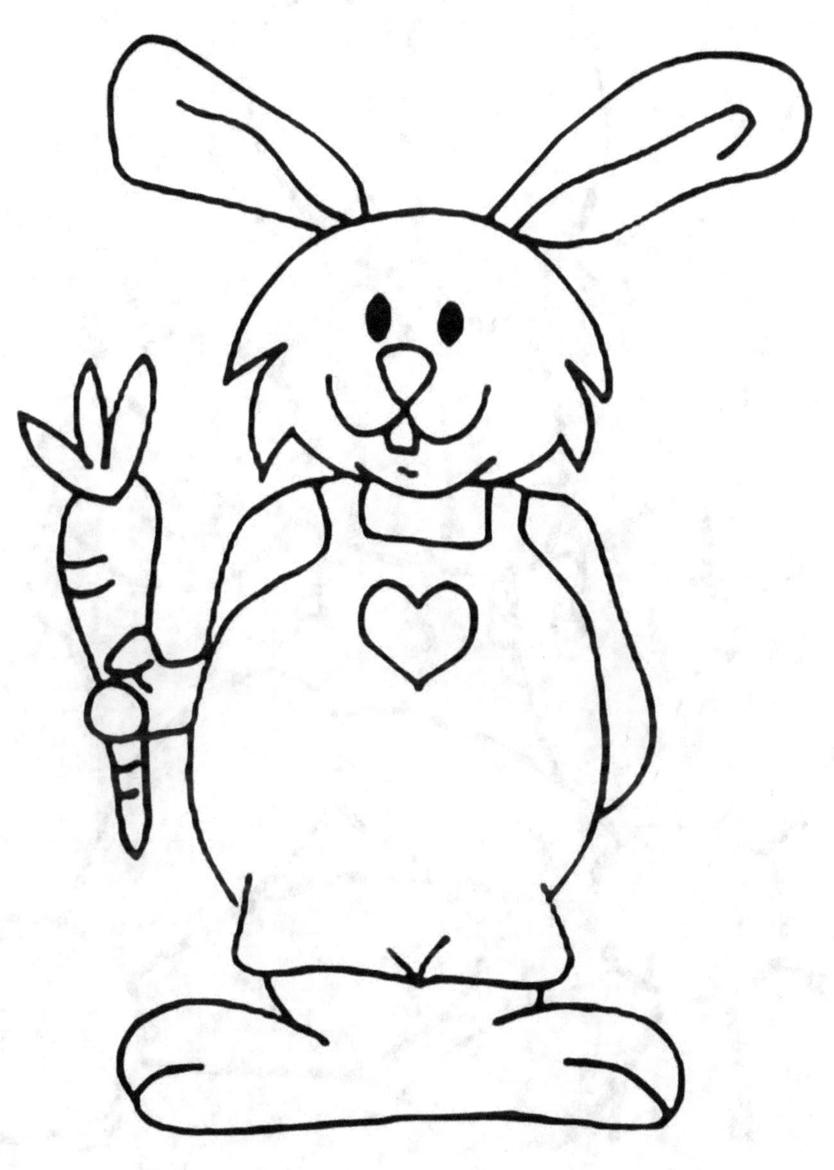

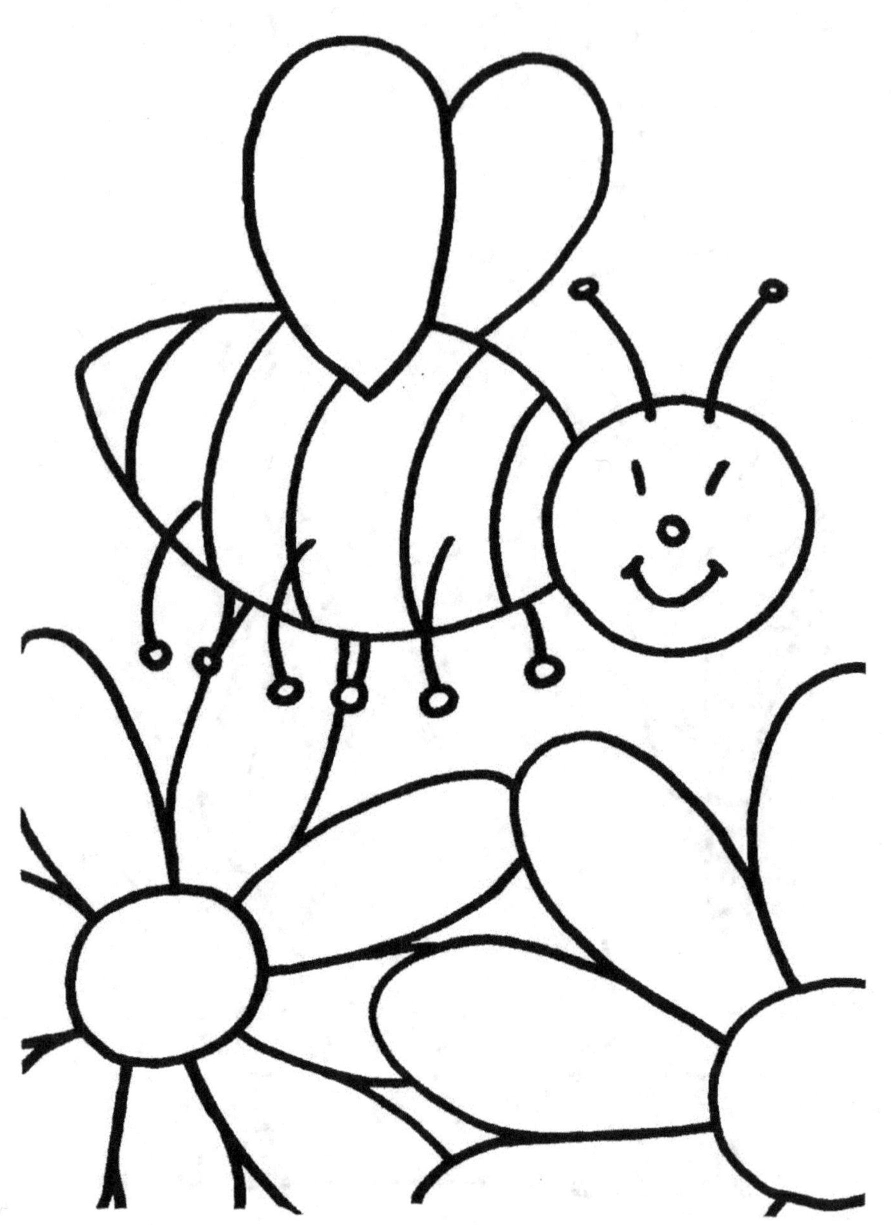

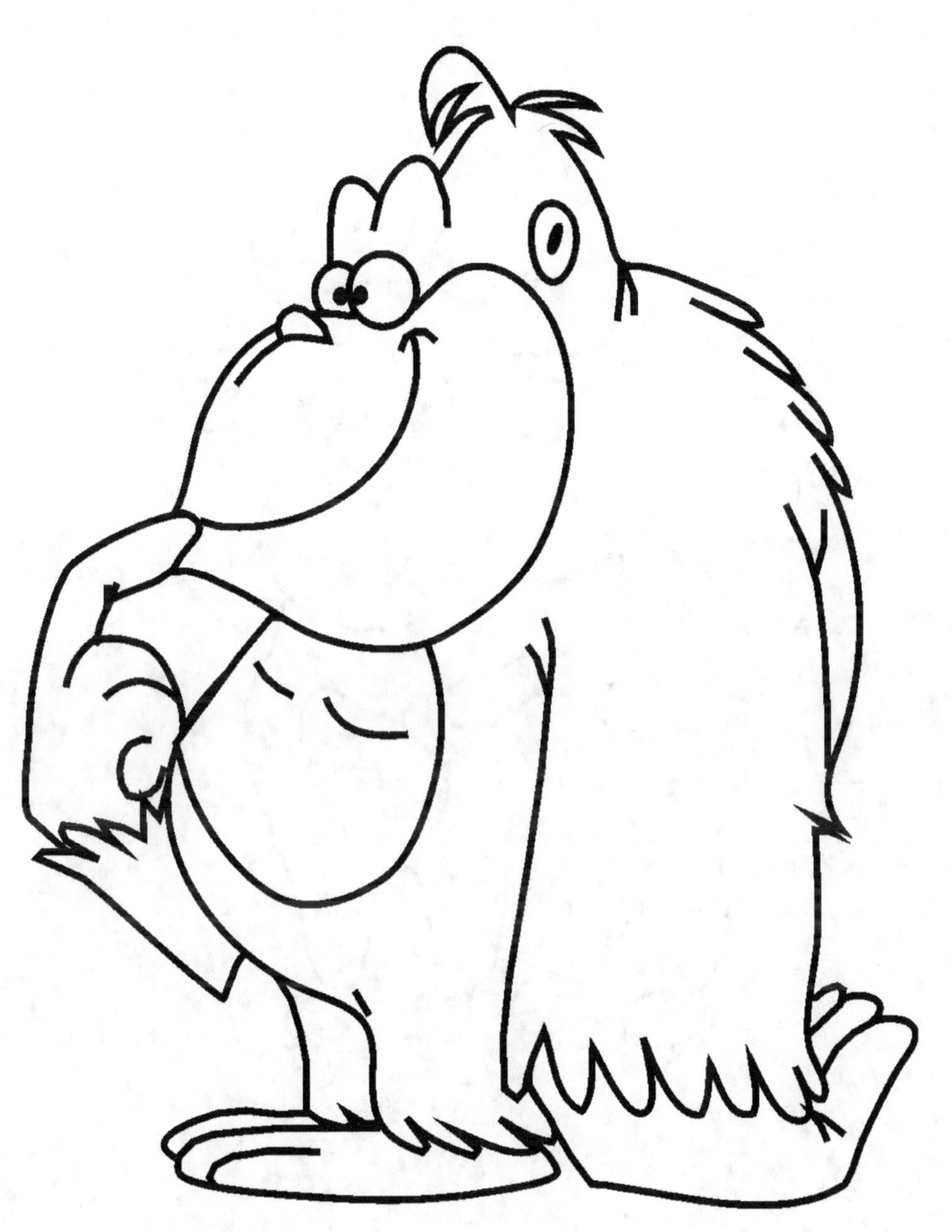

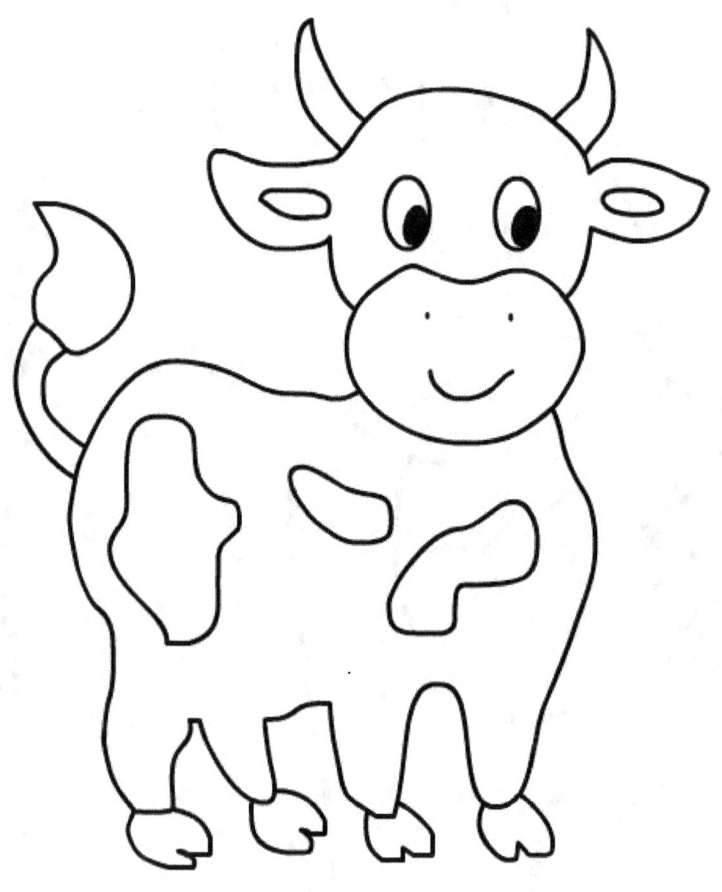

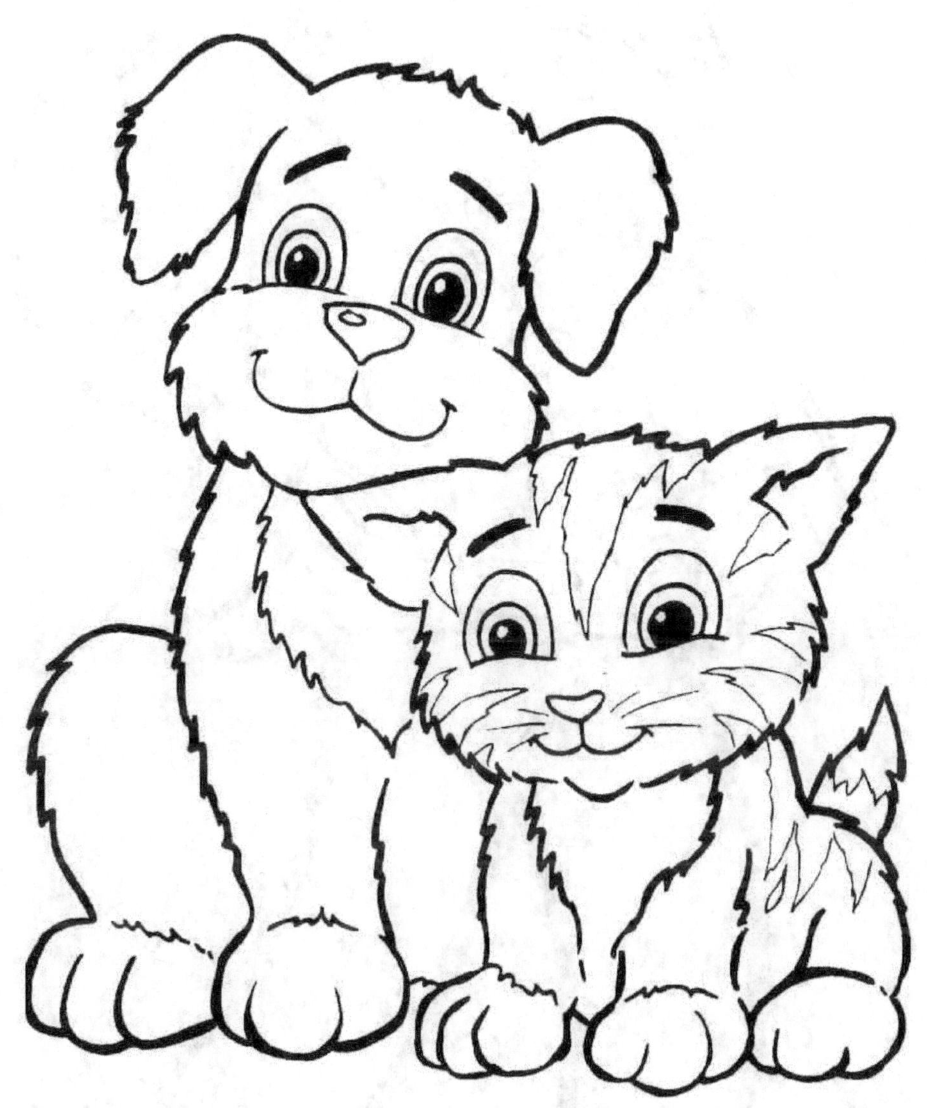

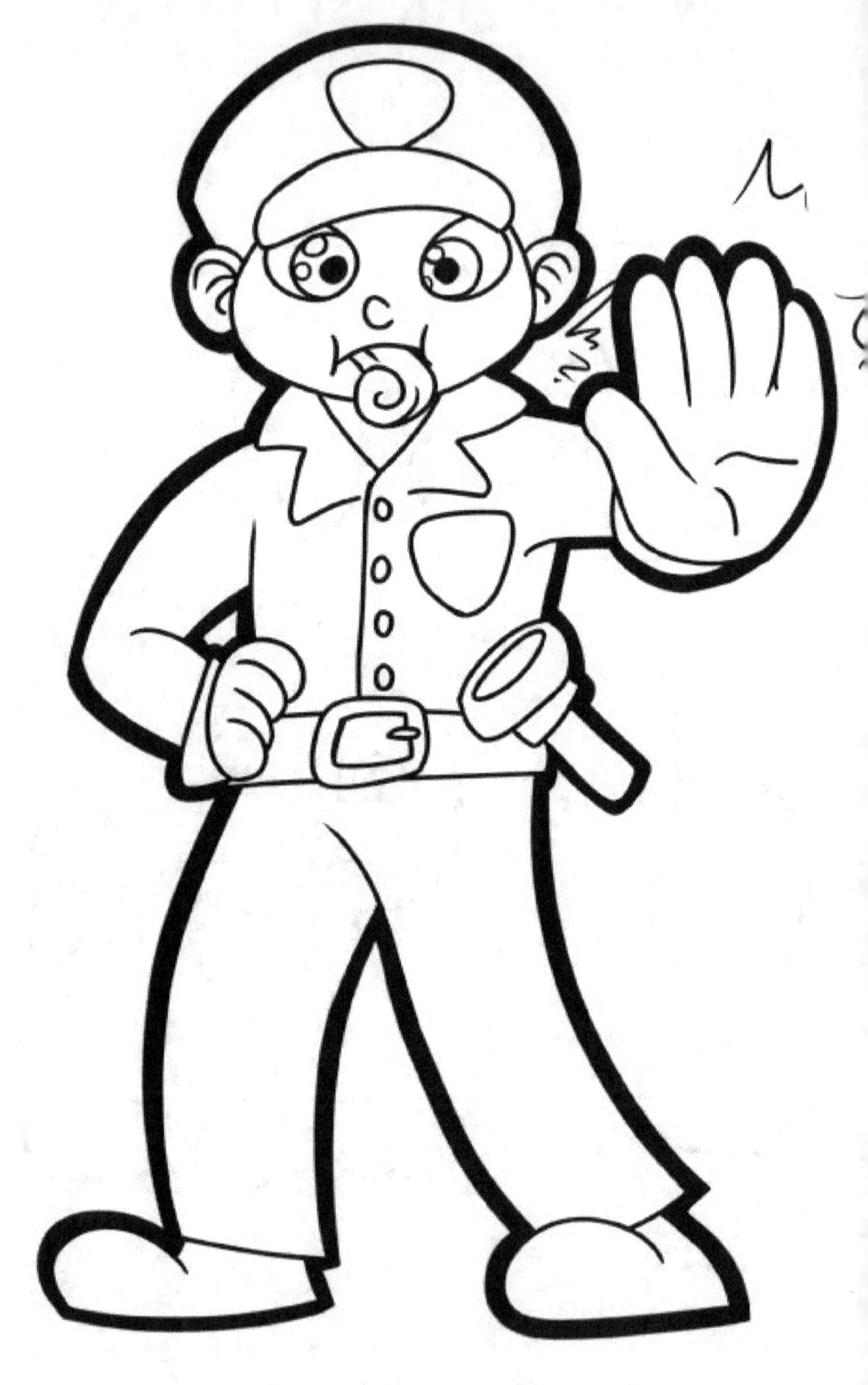

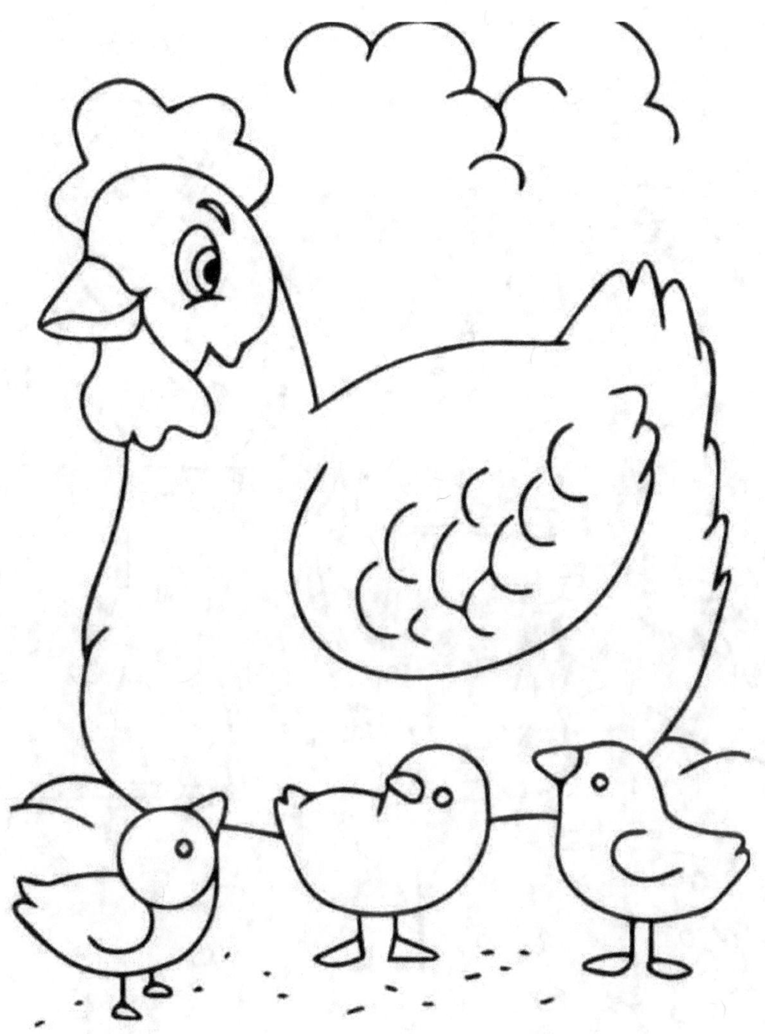

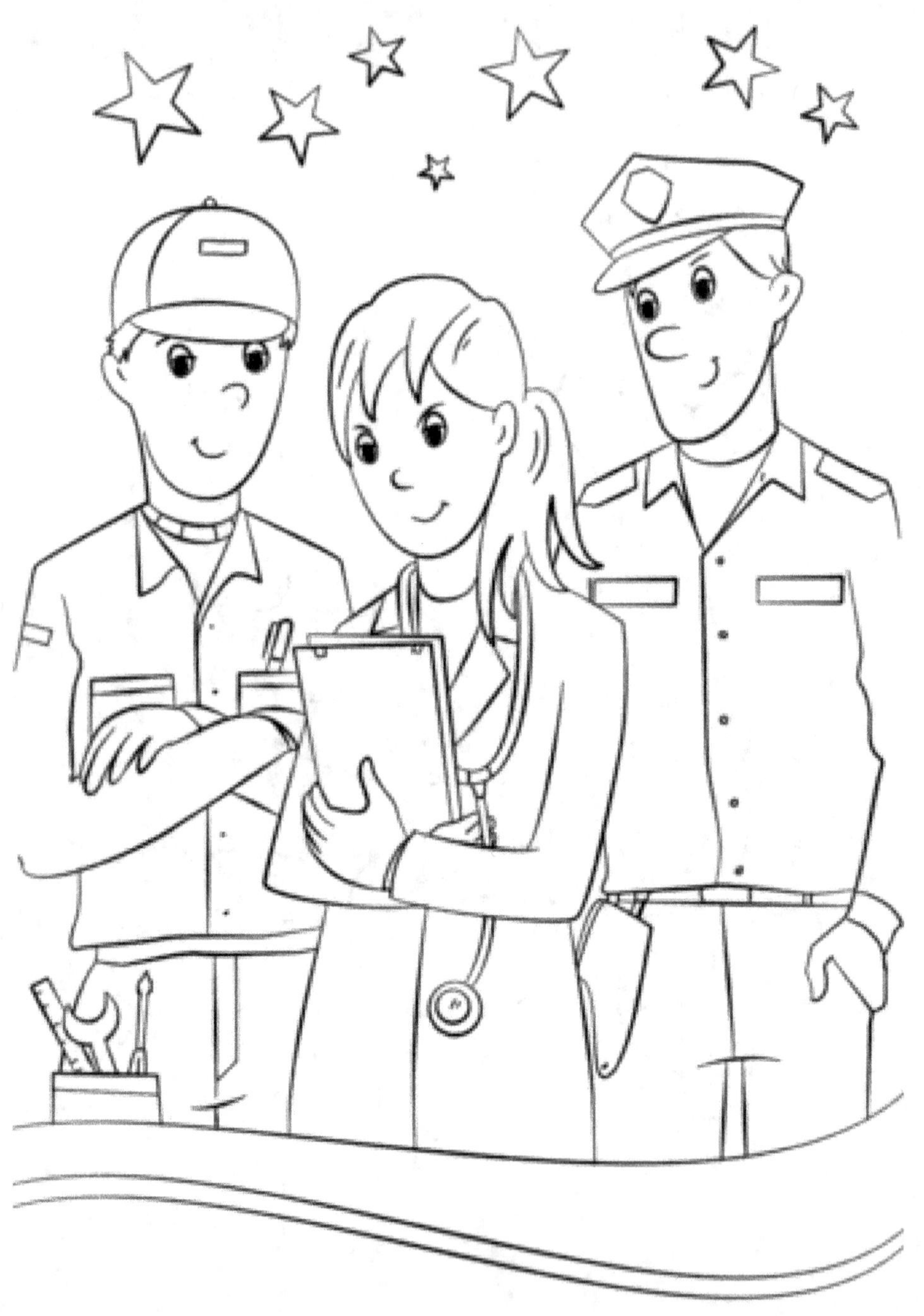

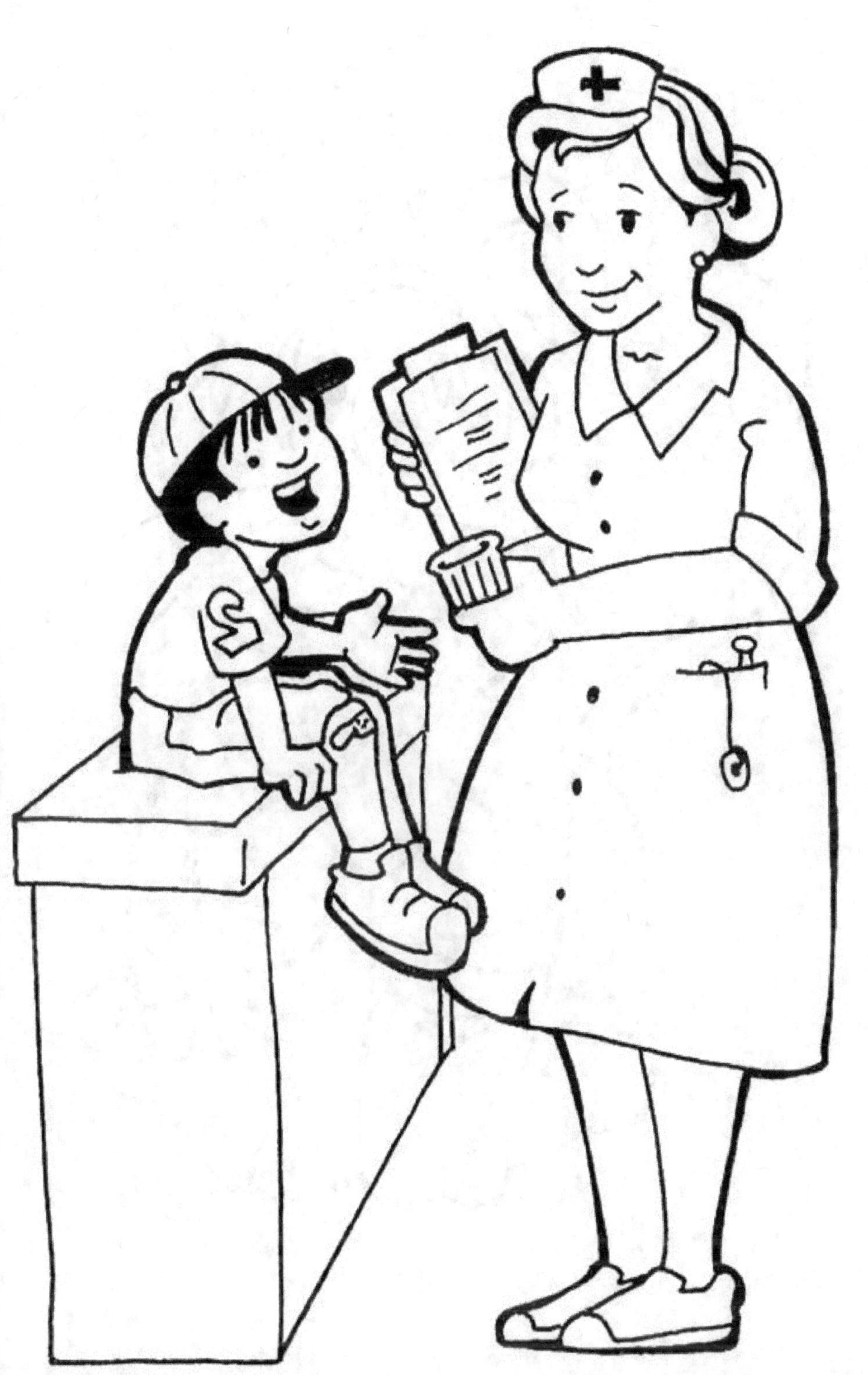

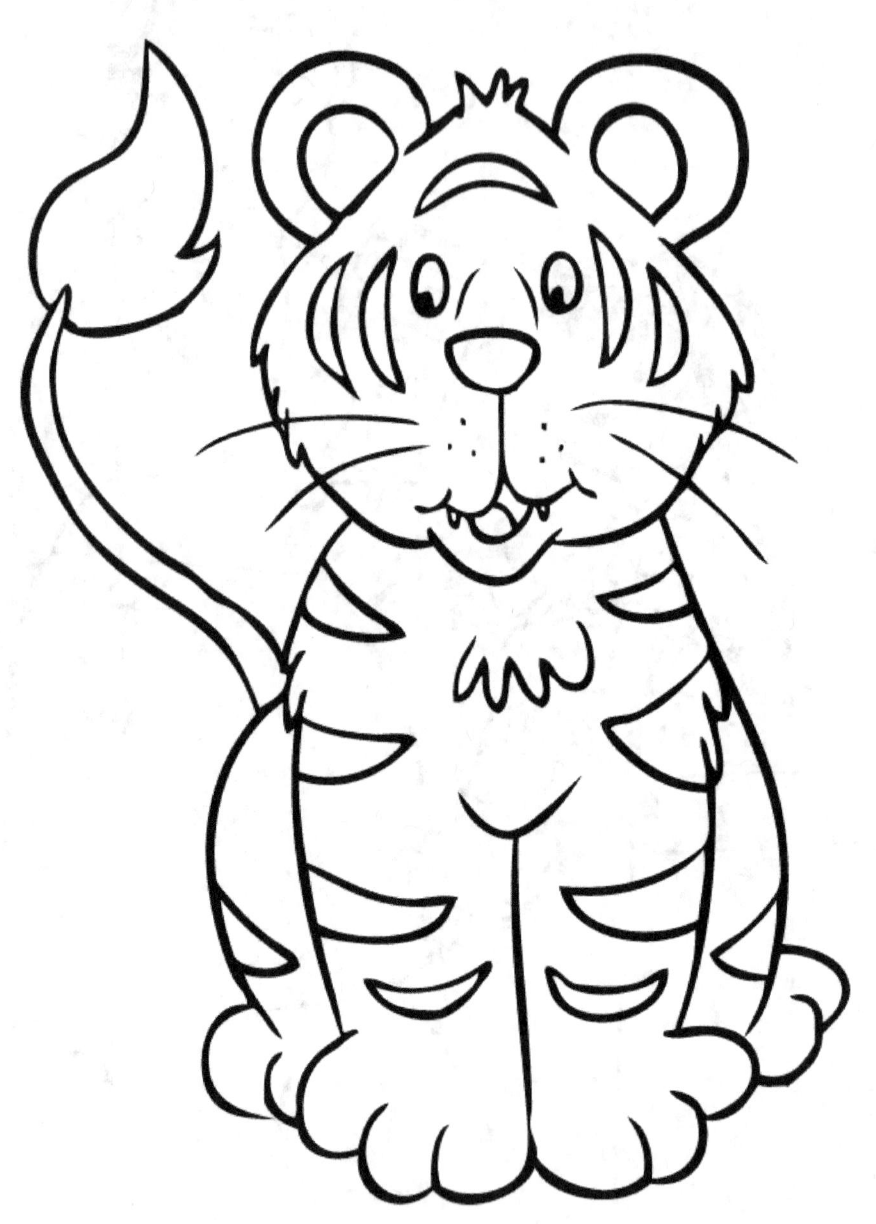

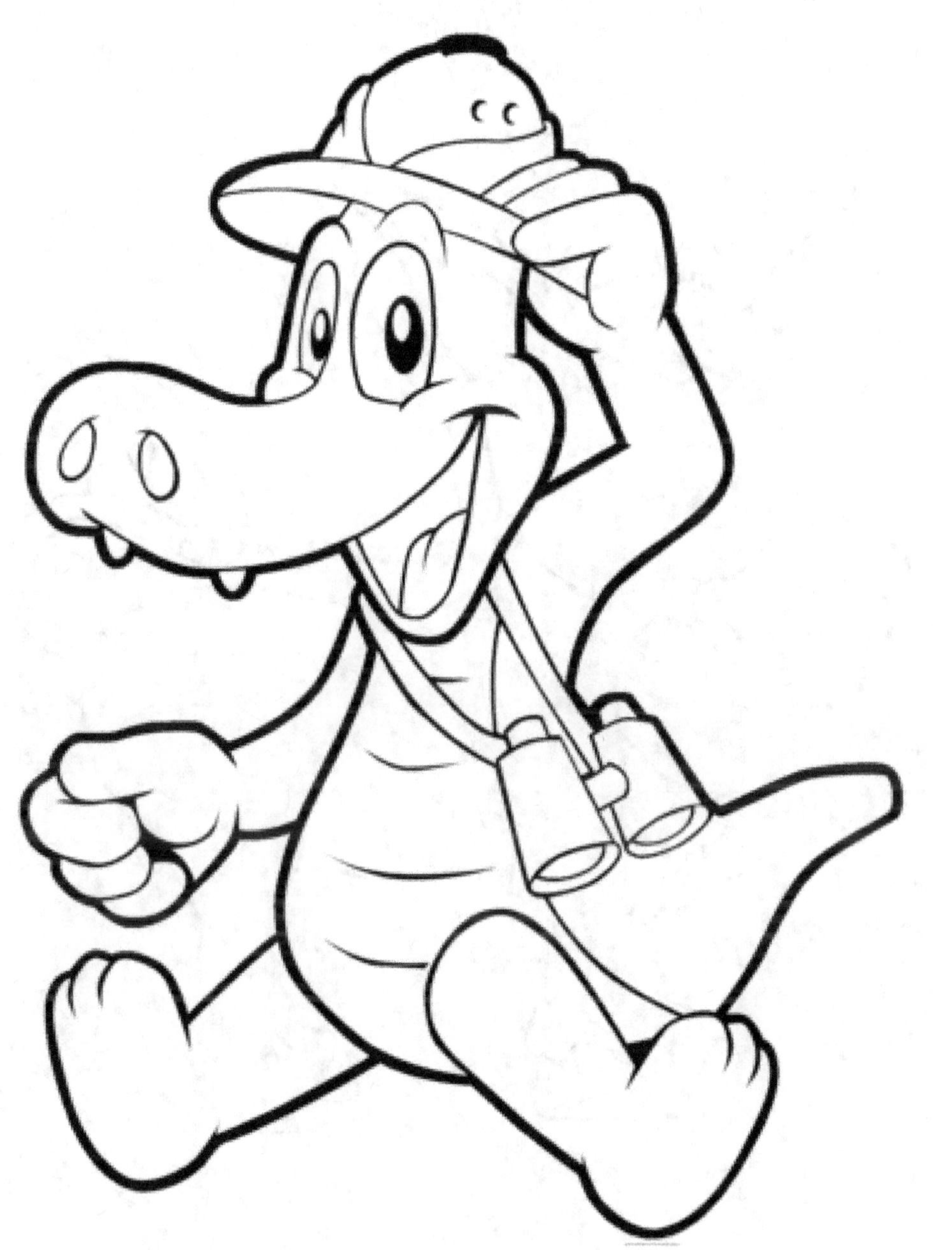

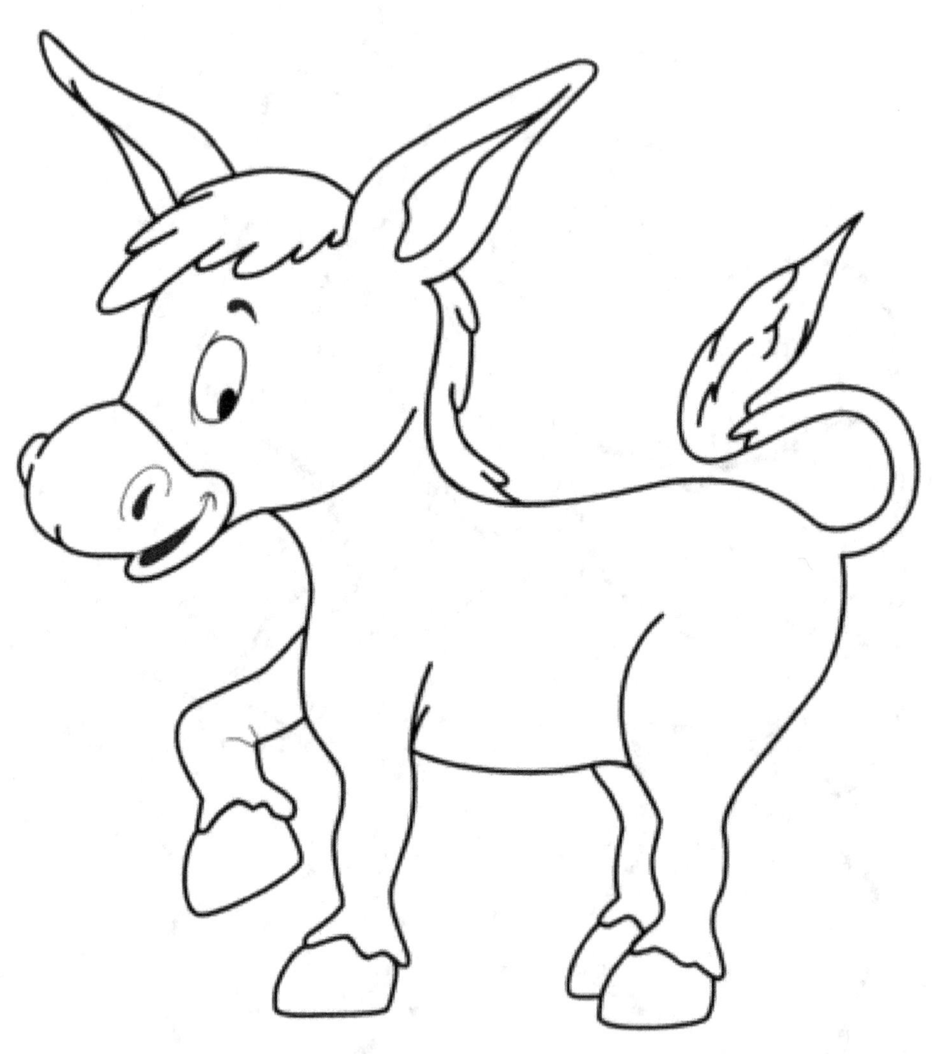

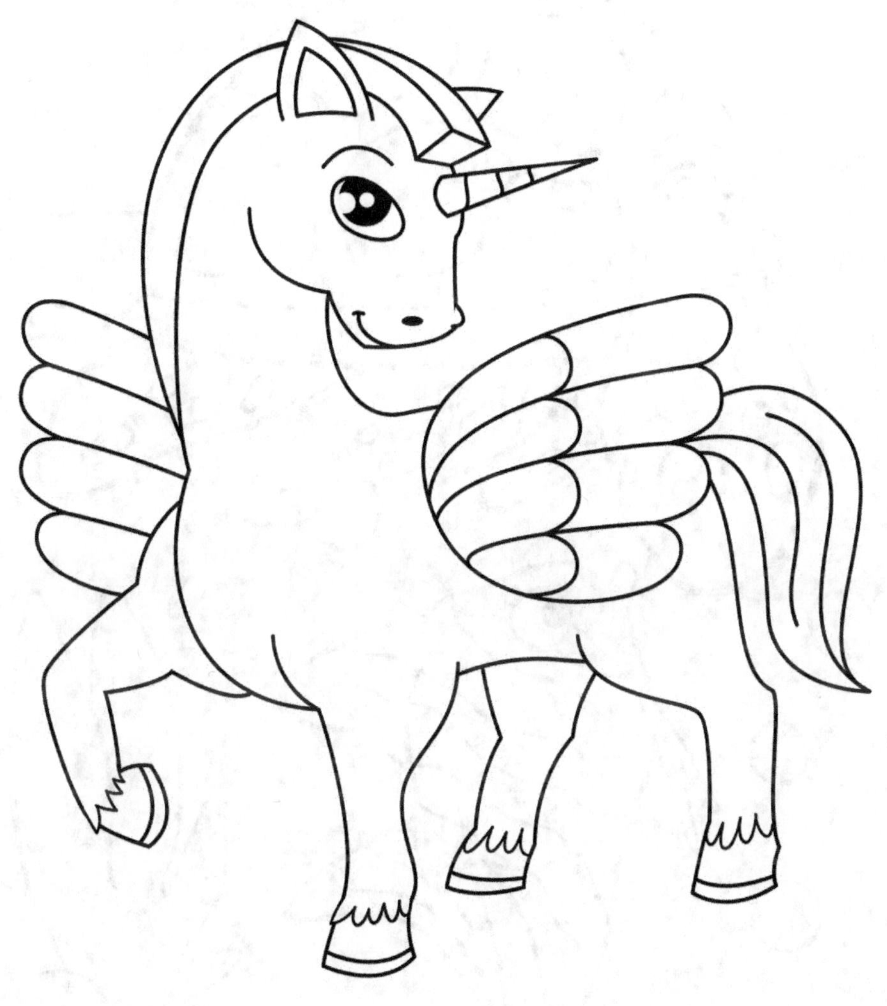

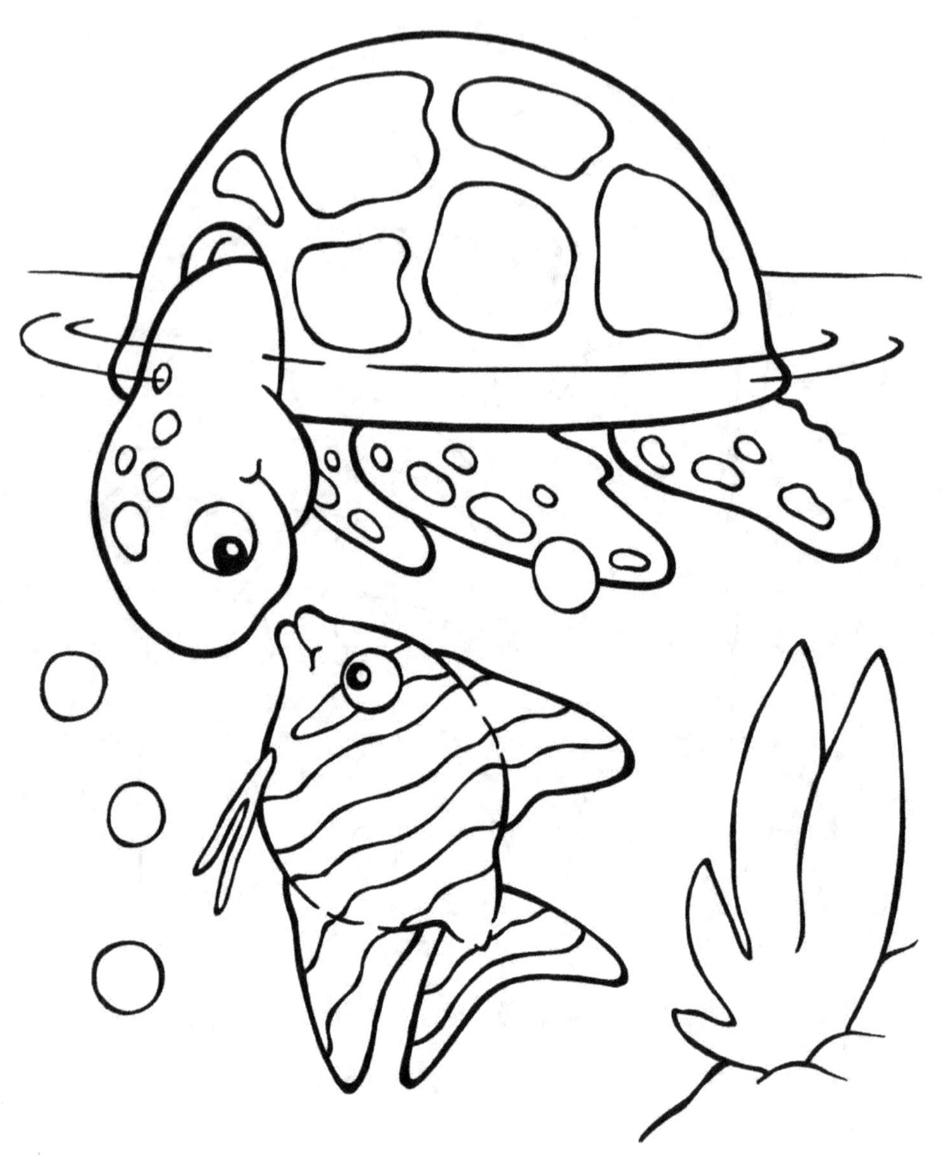

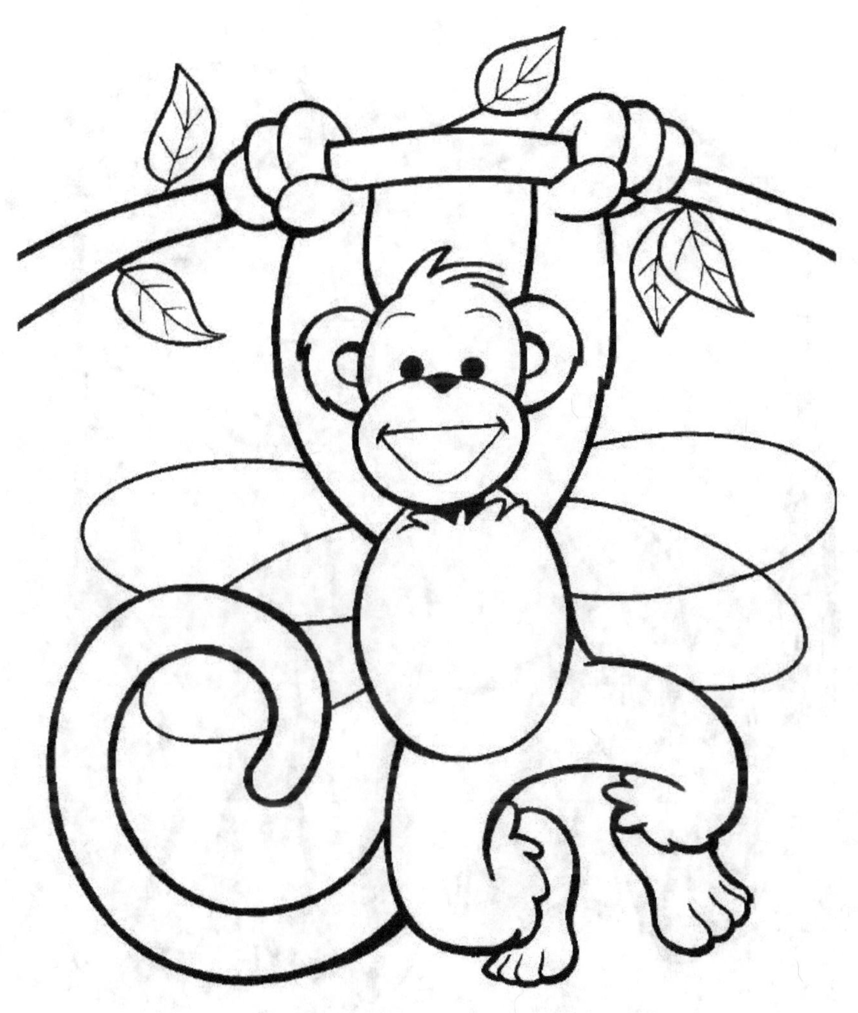

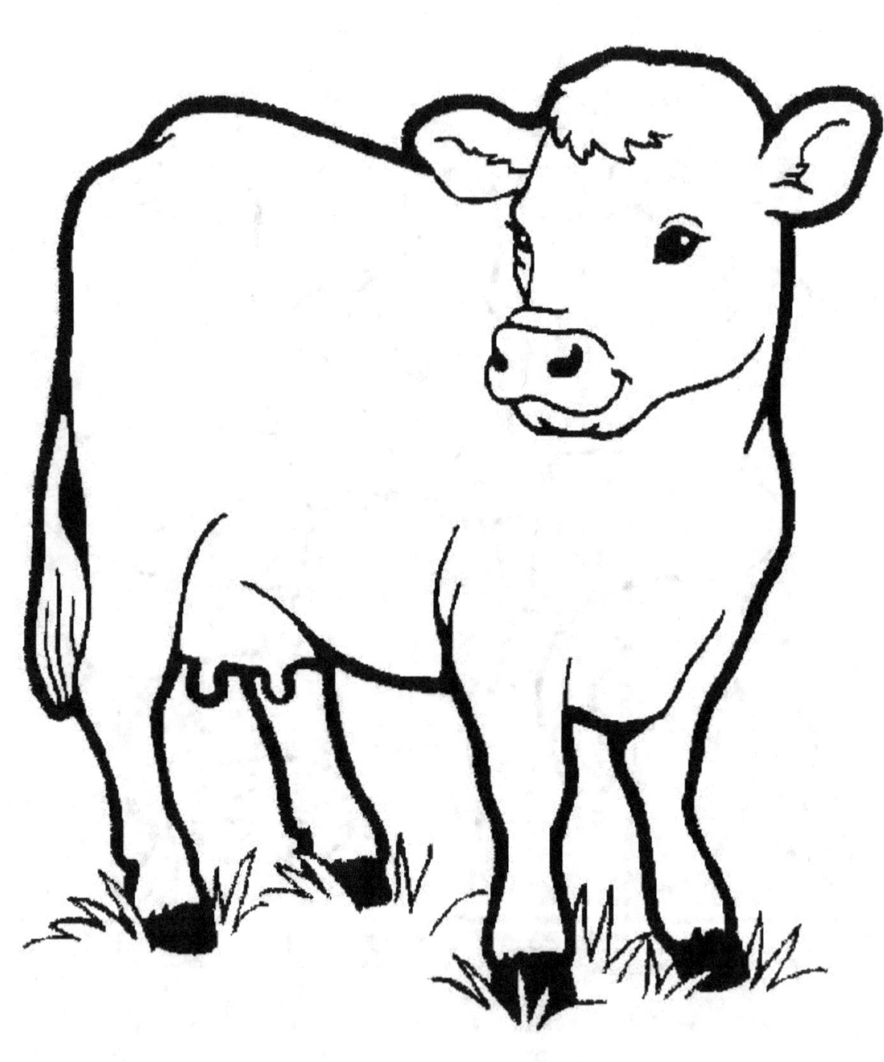

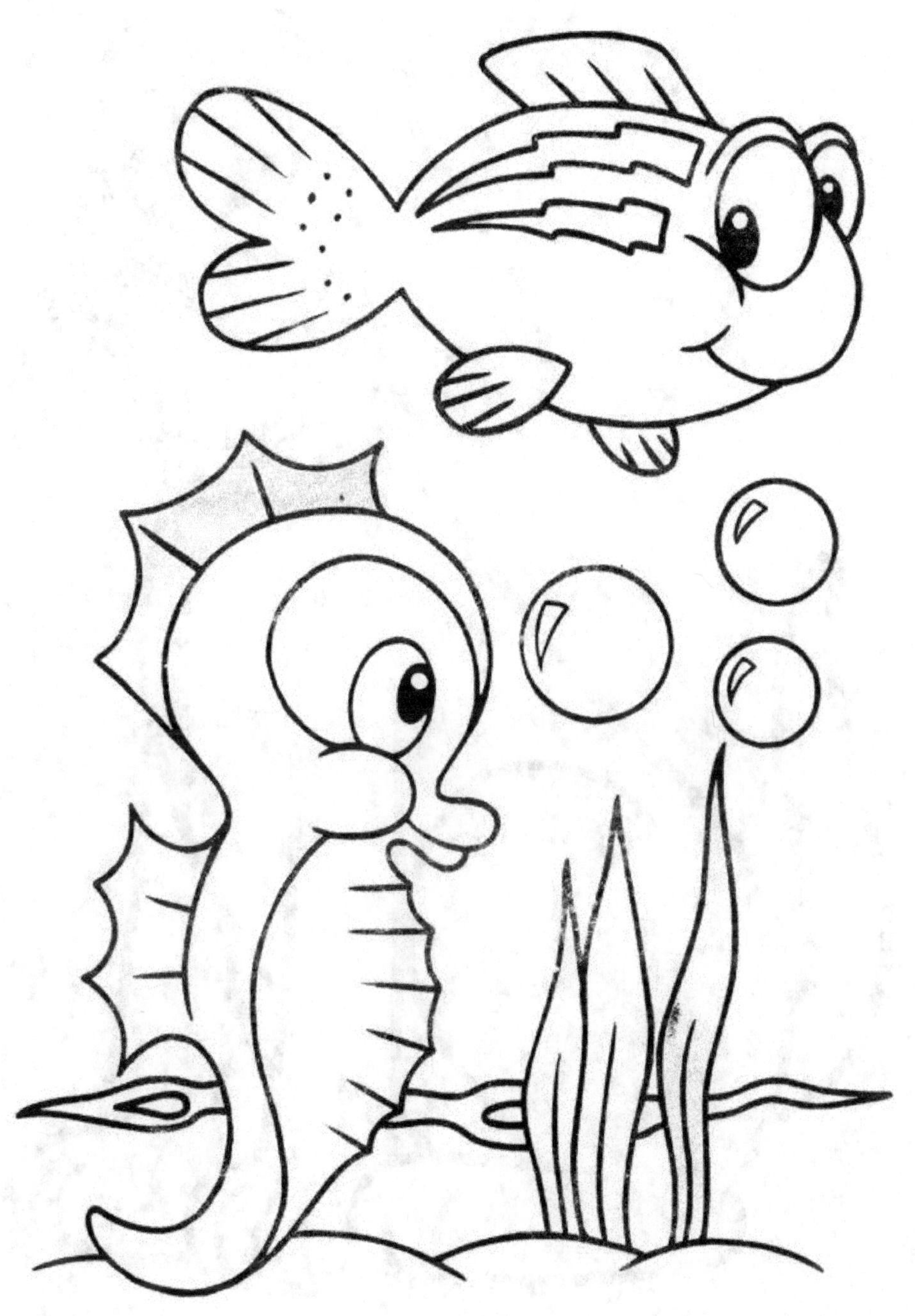

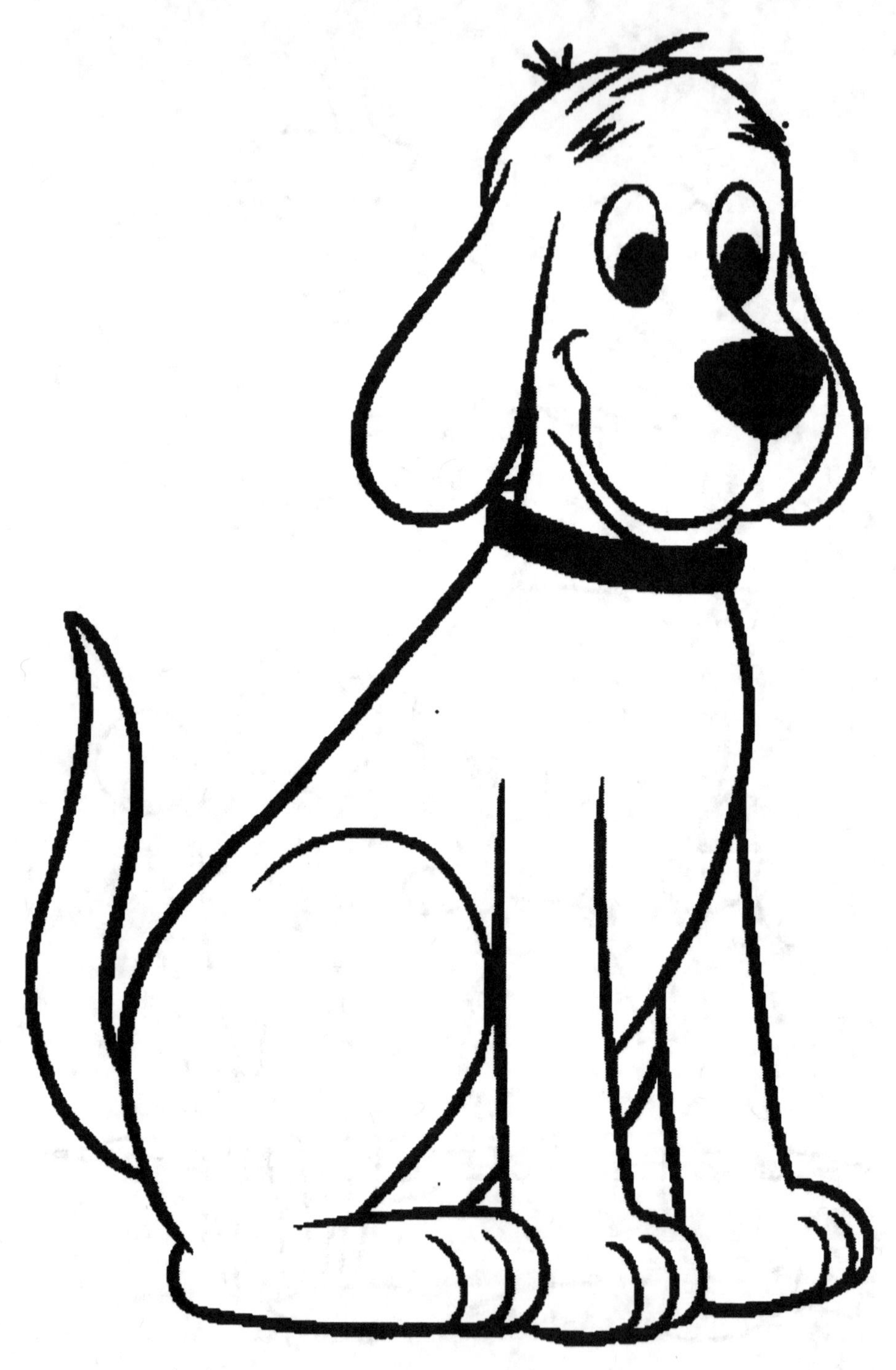

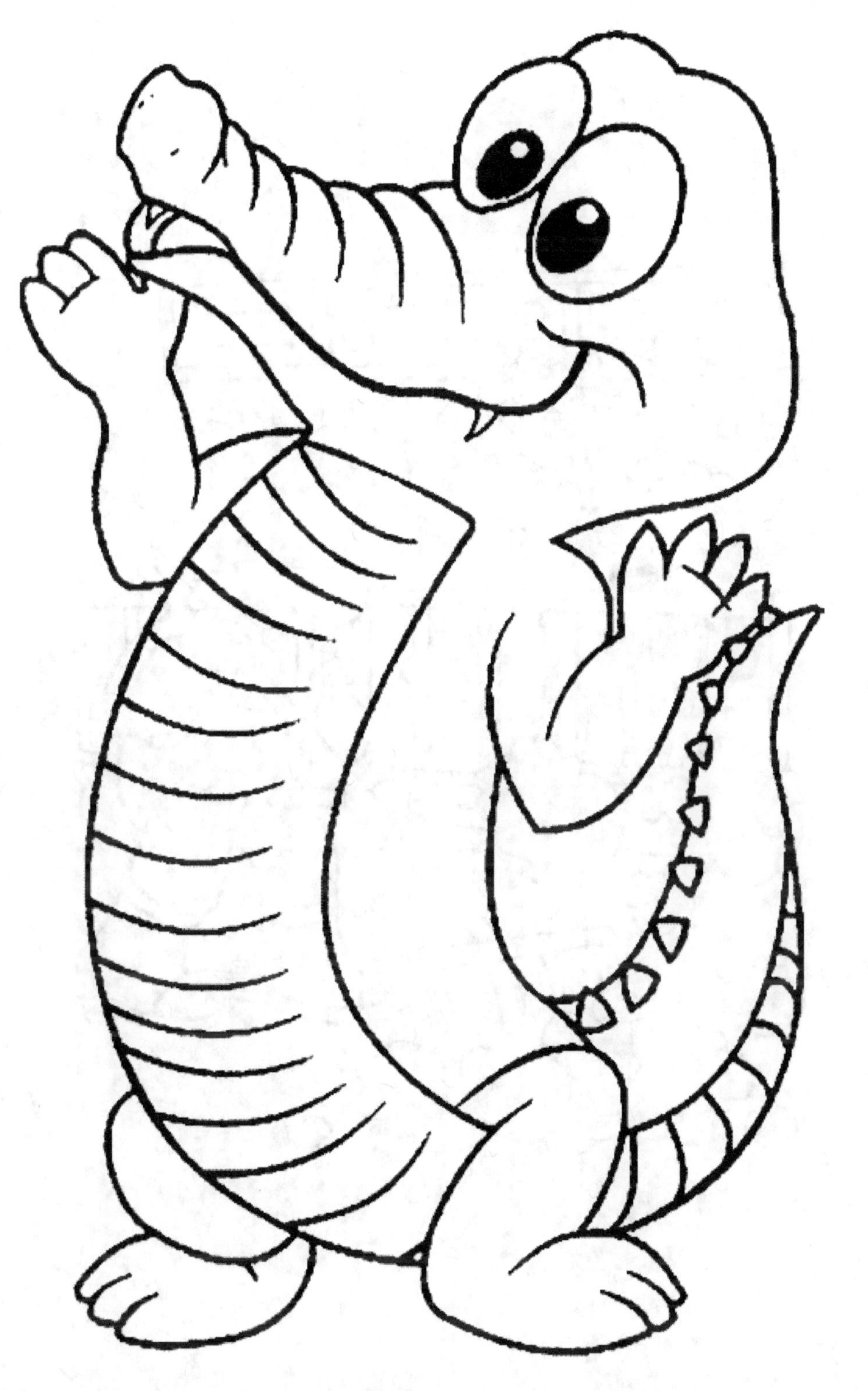

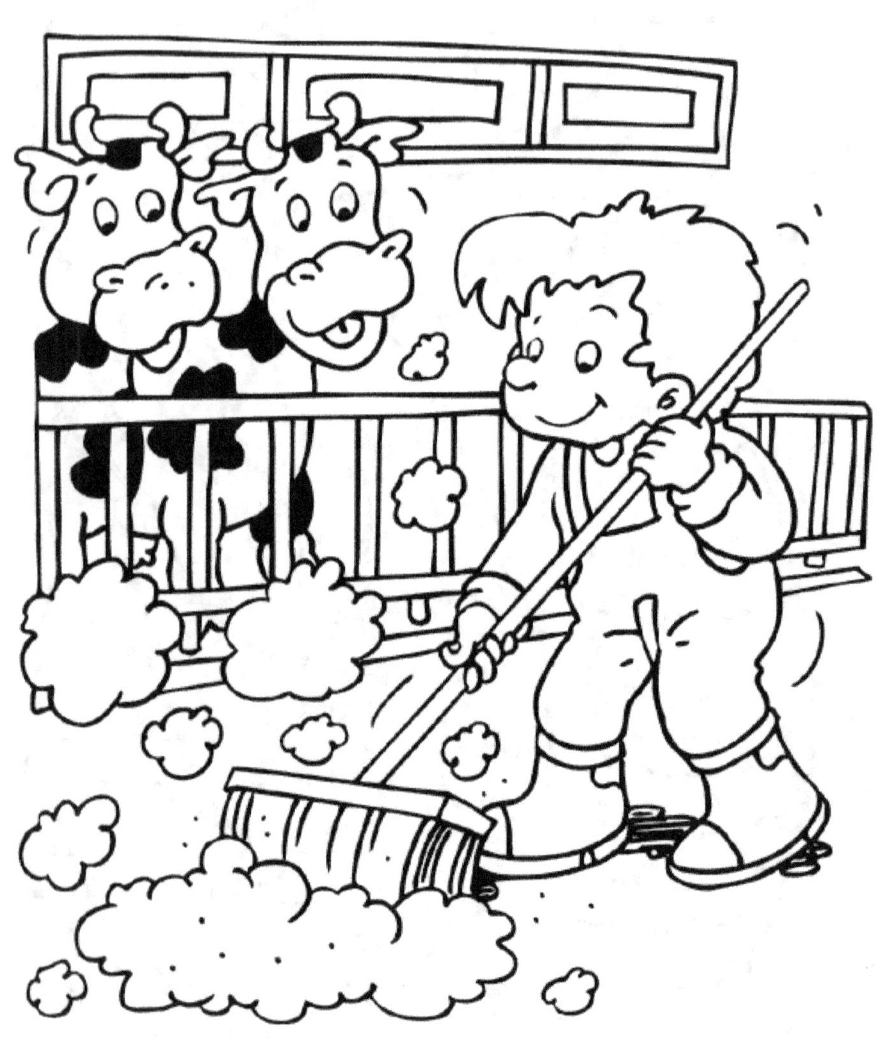

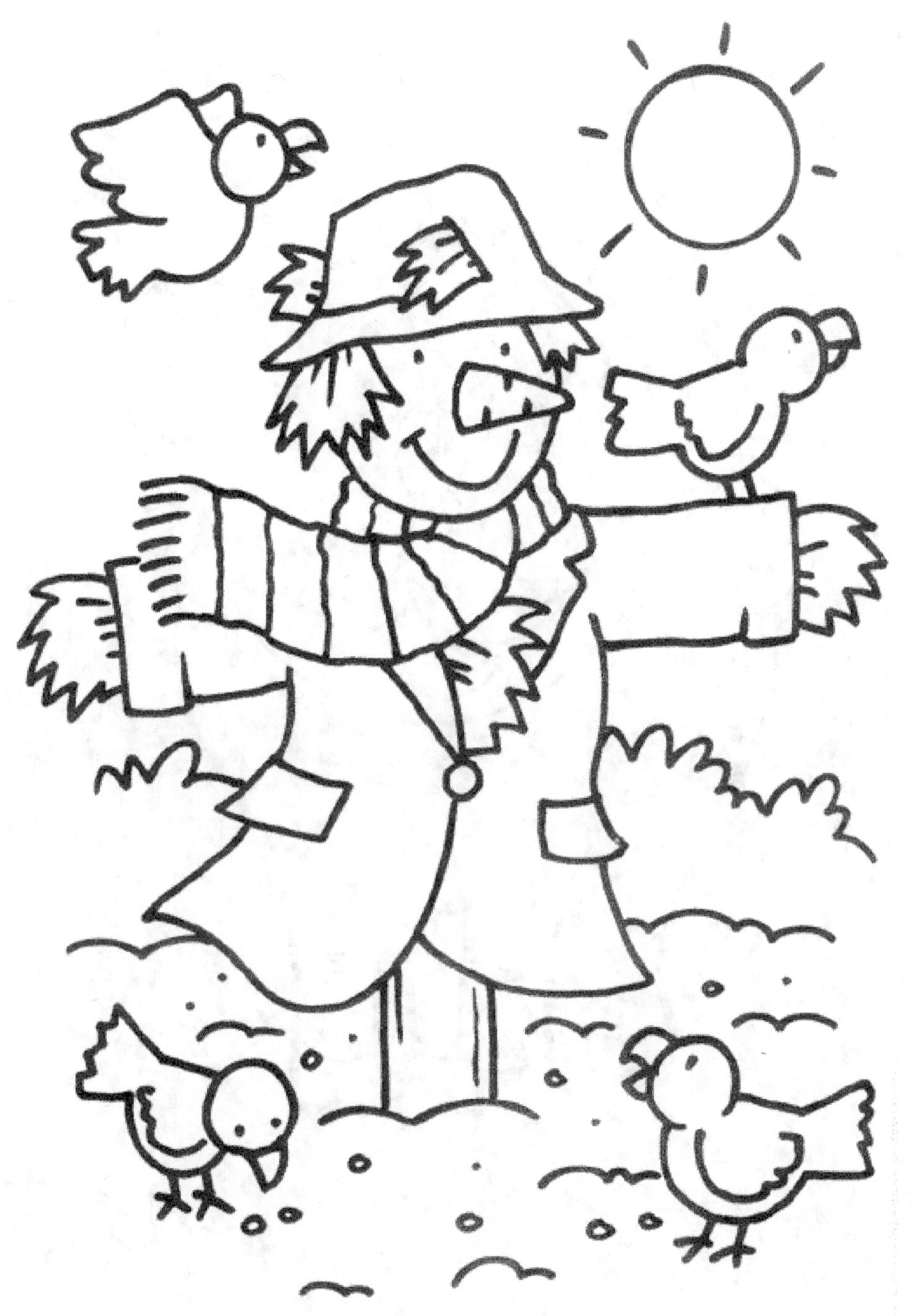

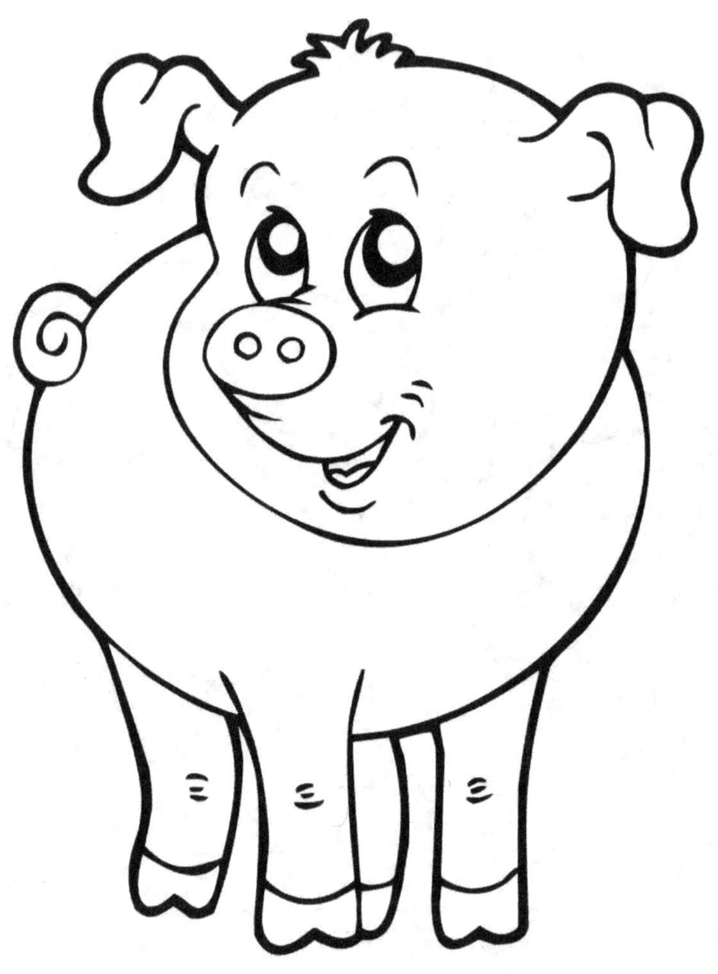

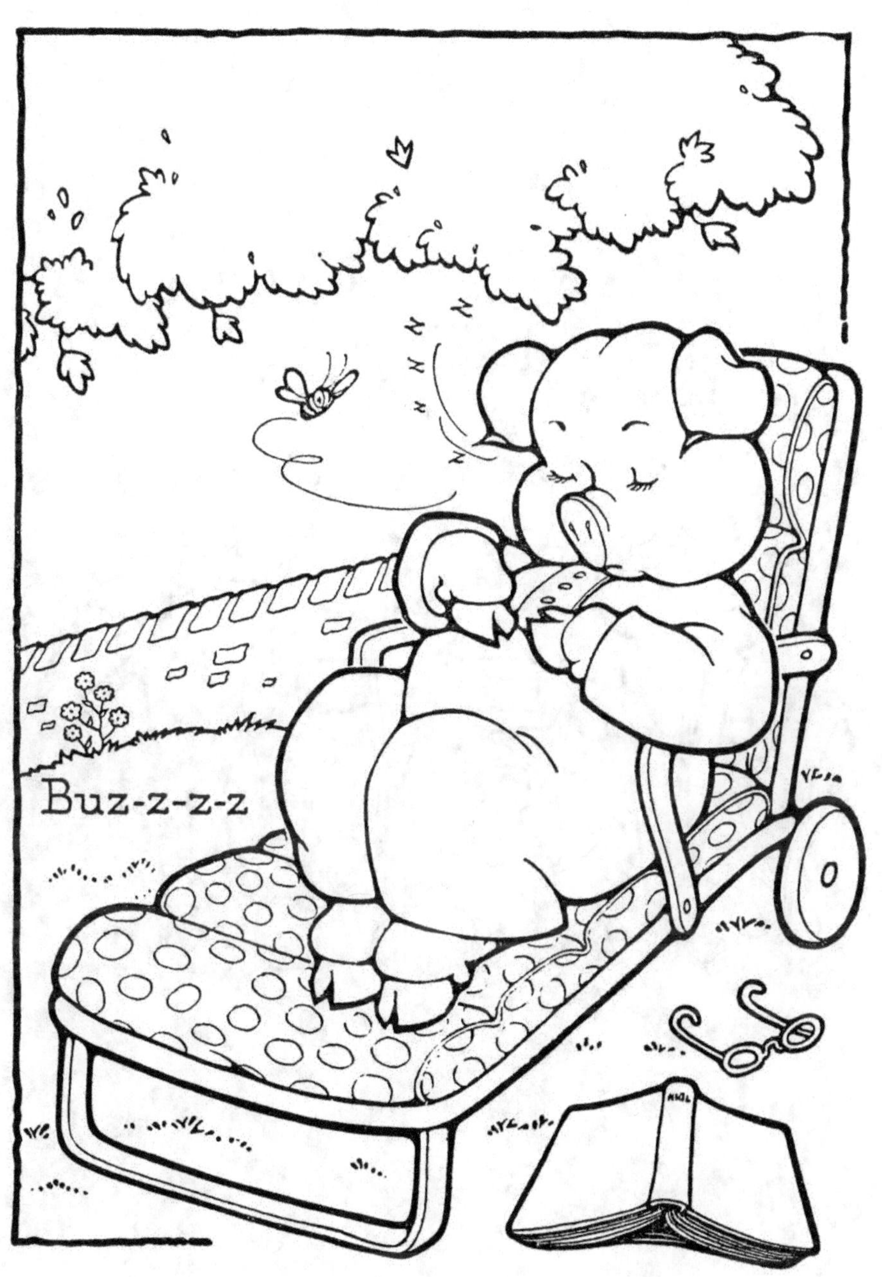

Buz-z-z-z

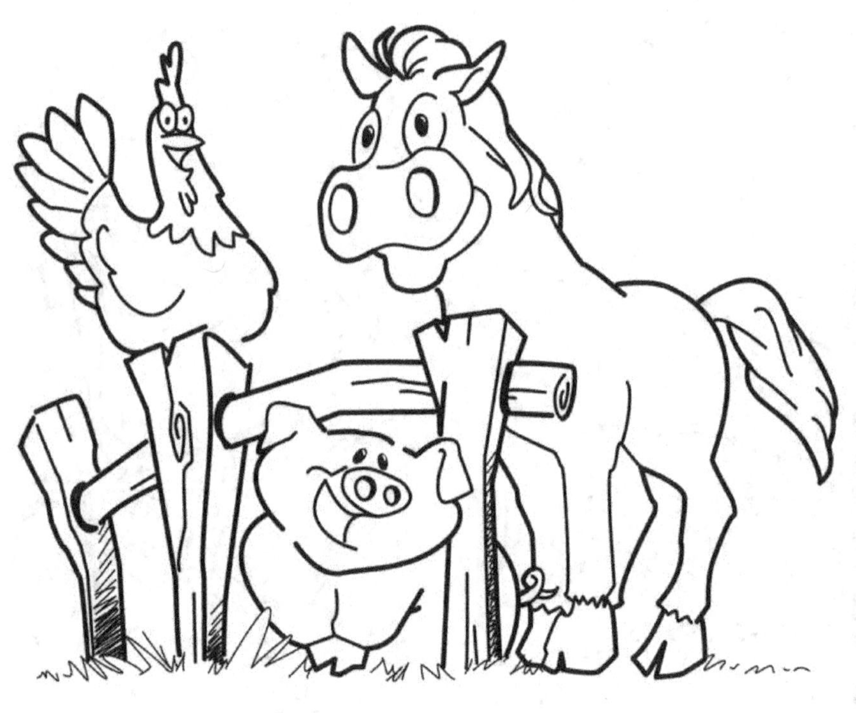

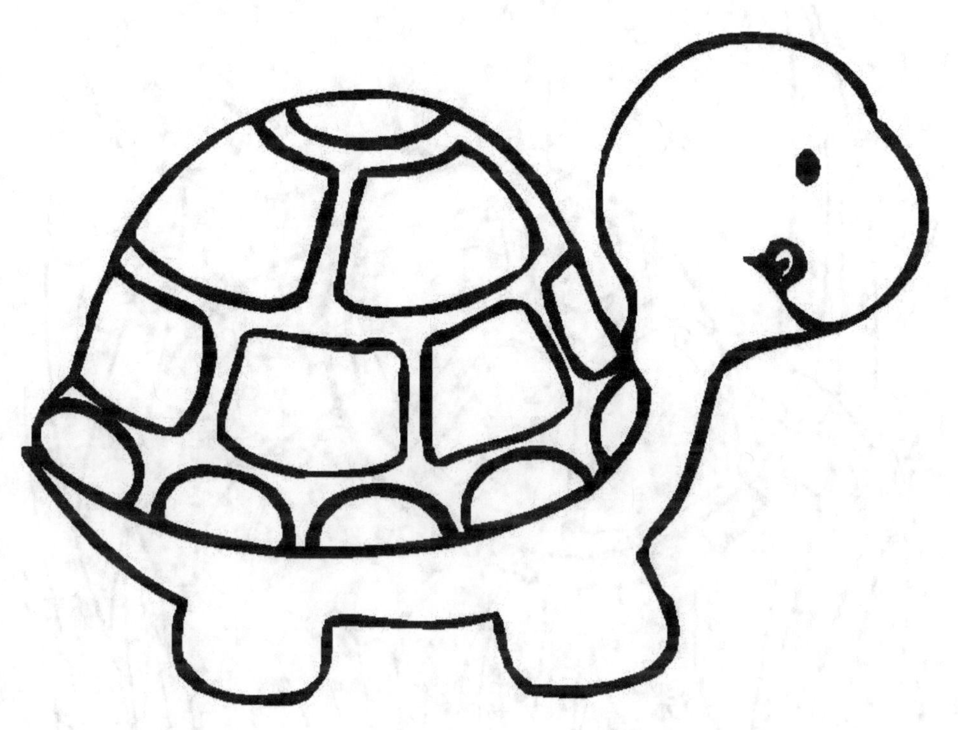

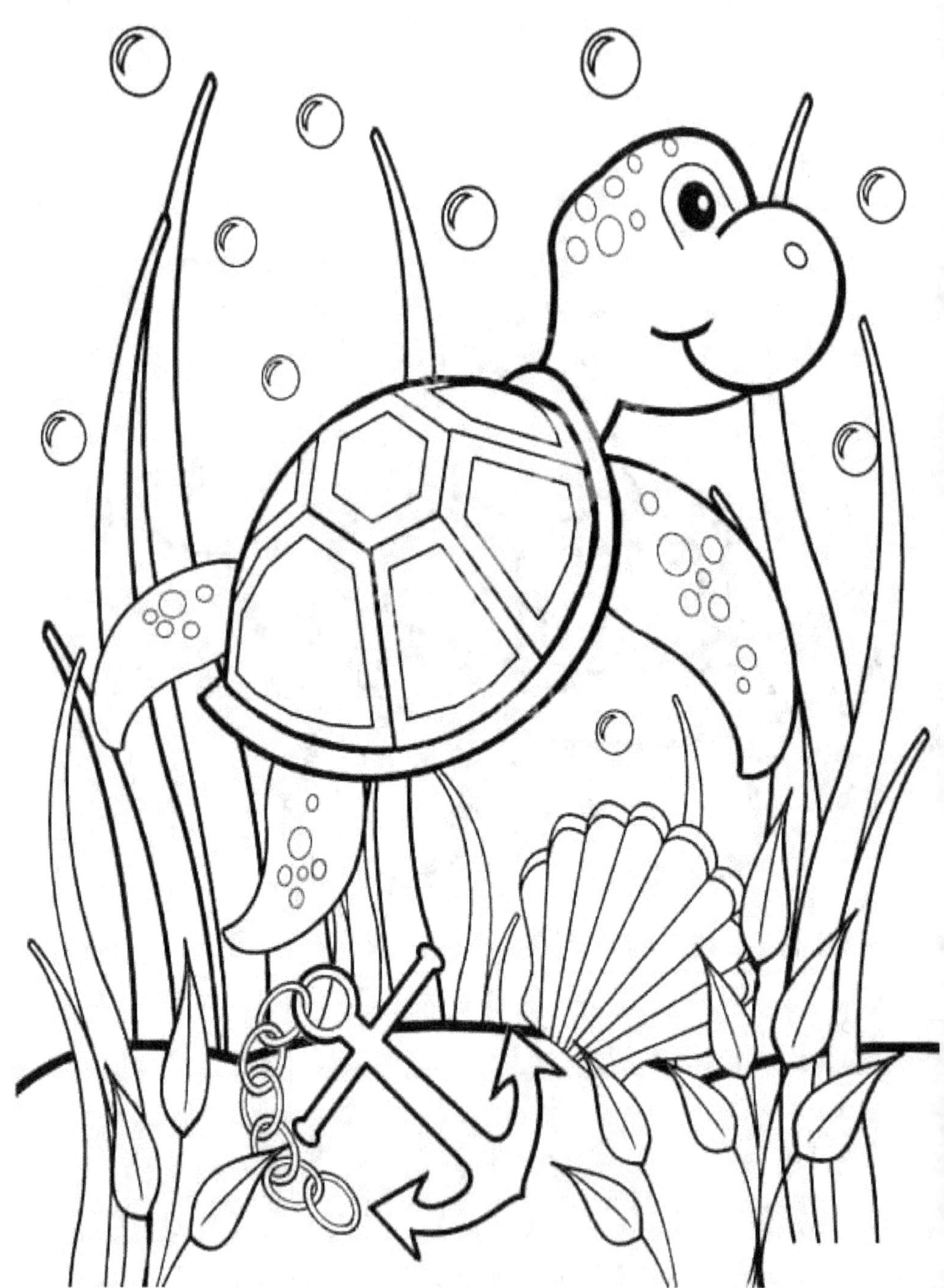

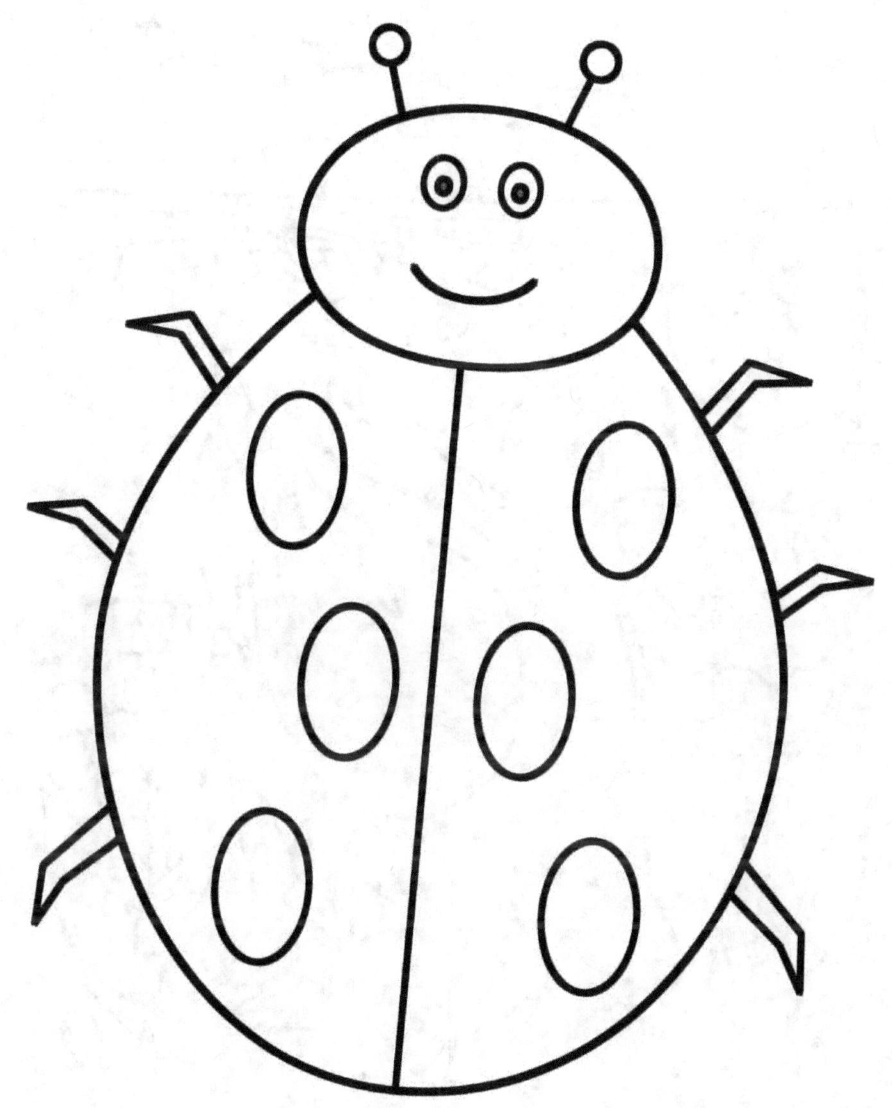

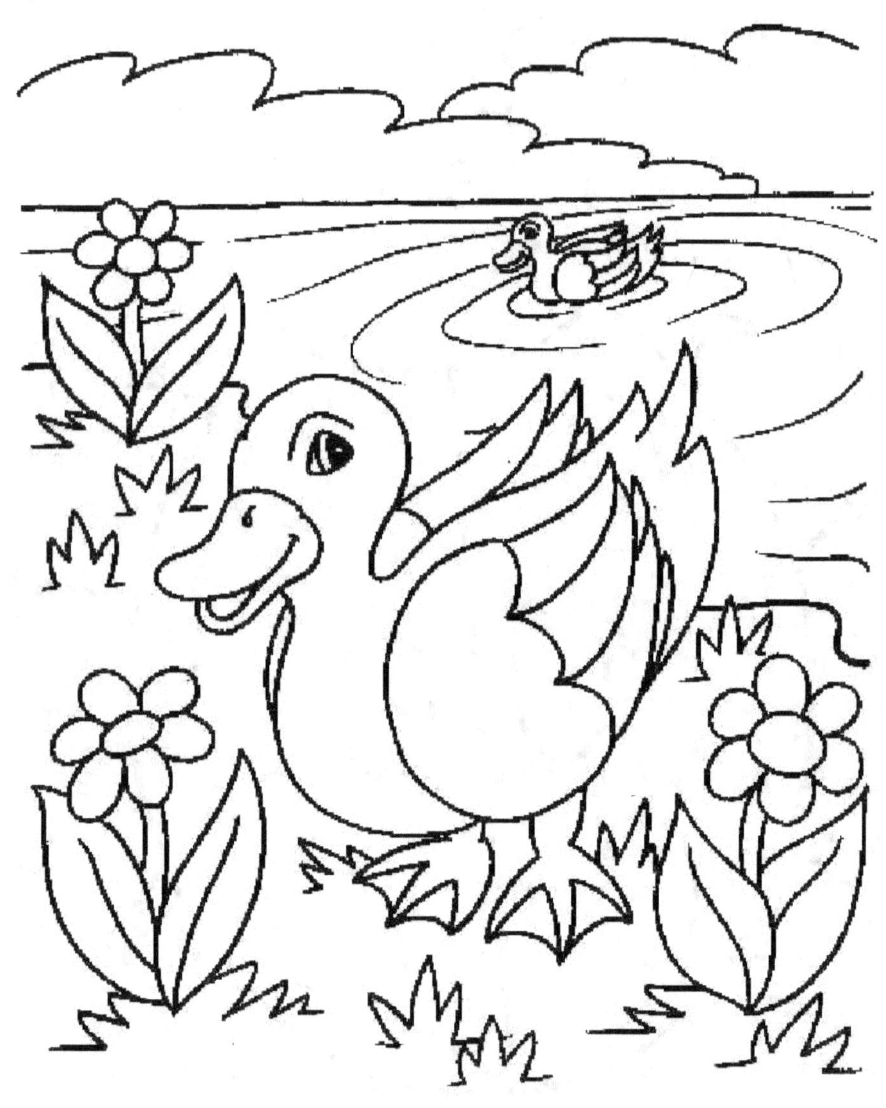

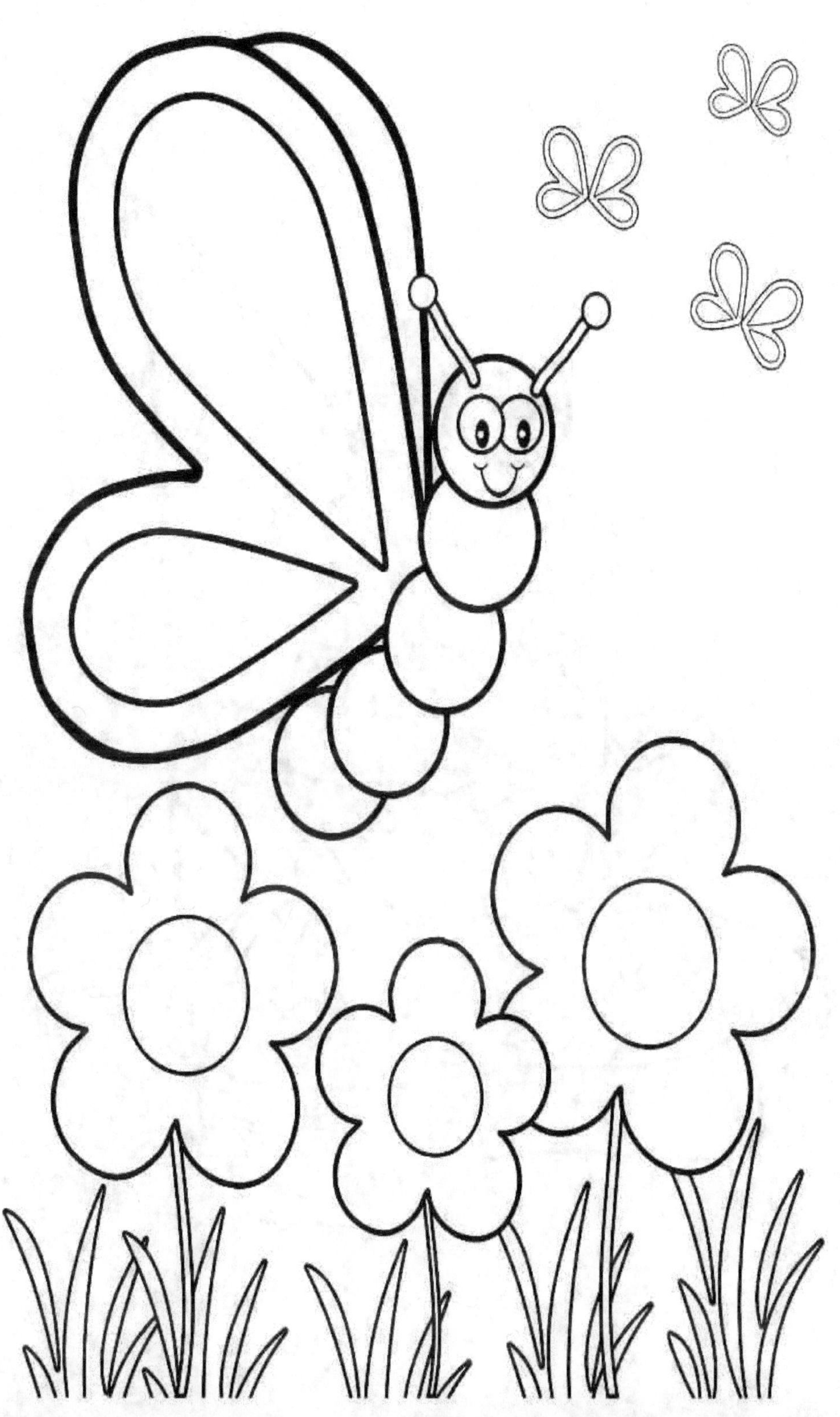

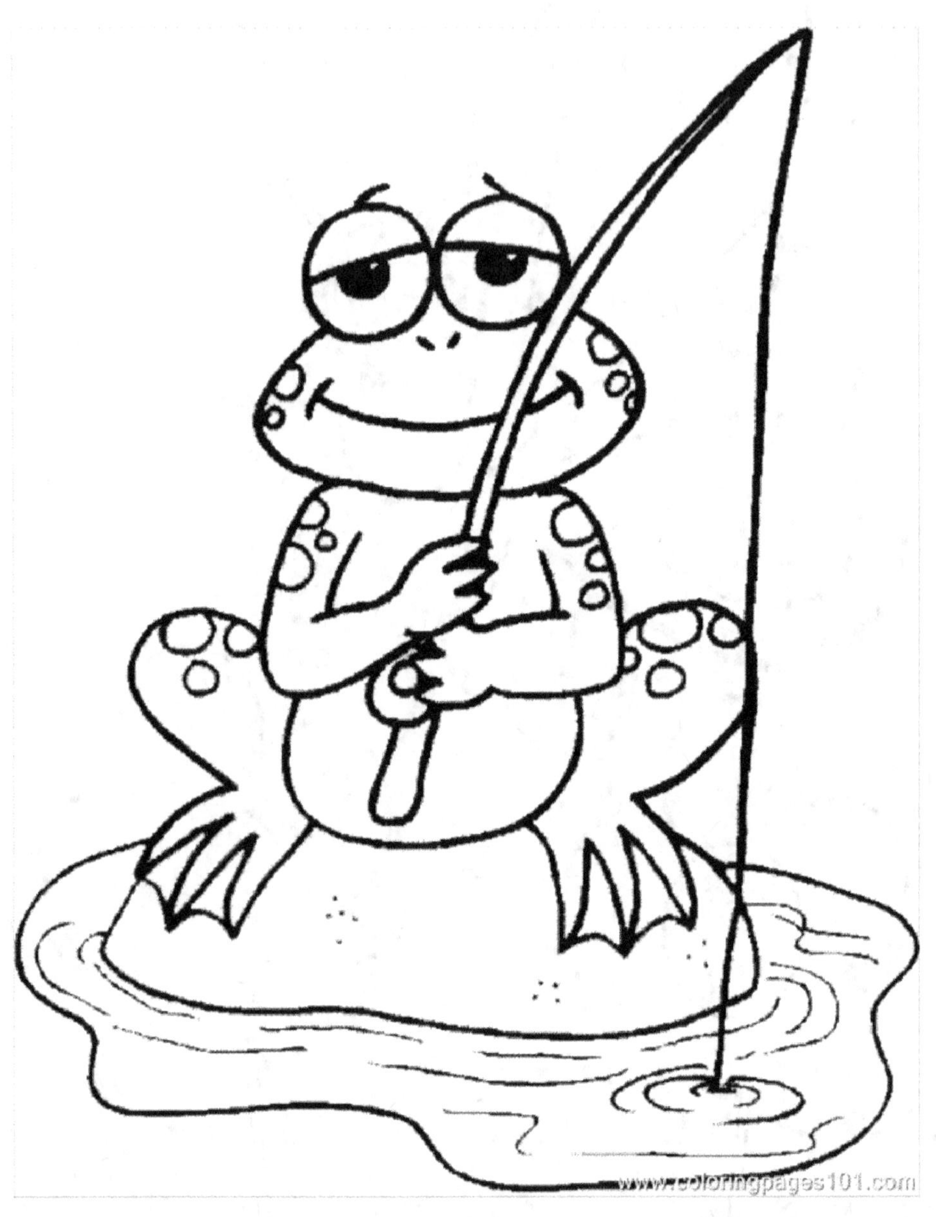
www.coloringpages101.com

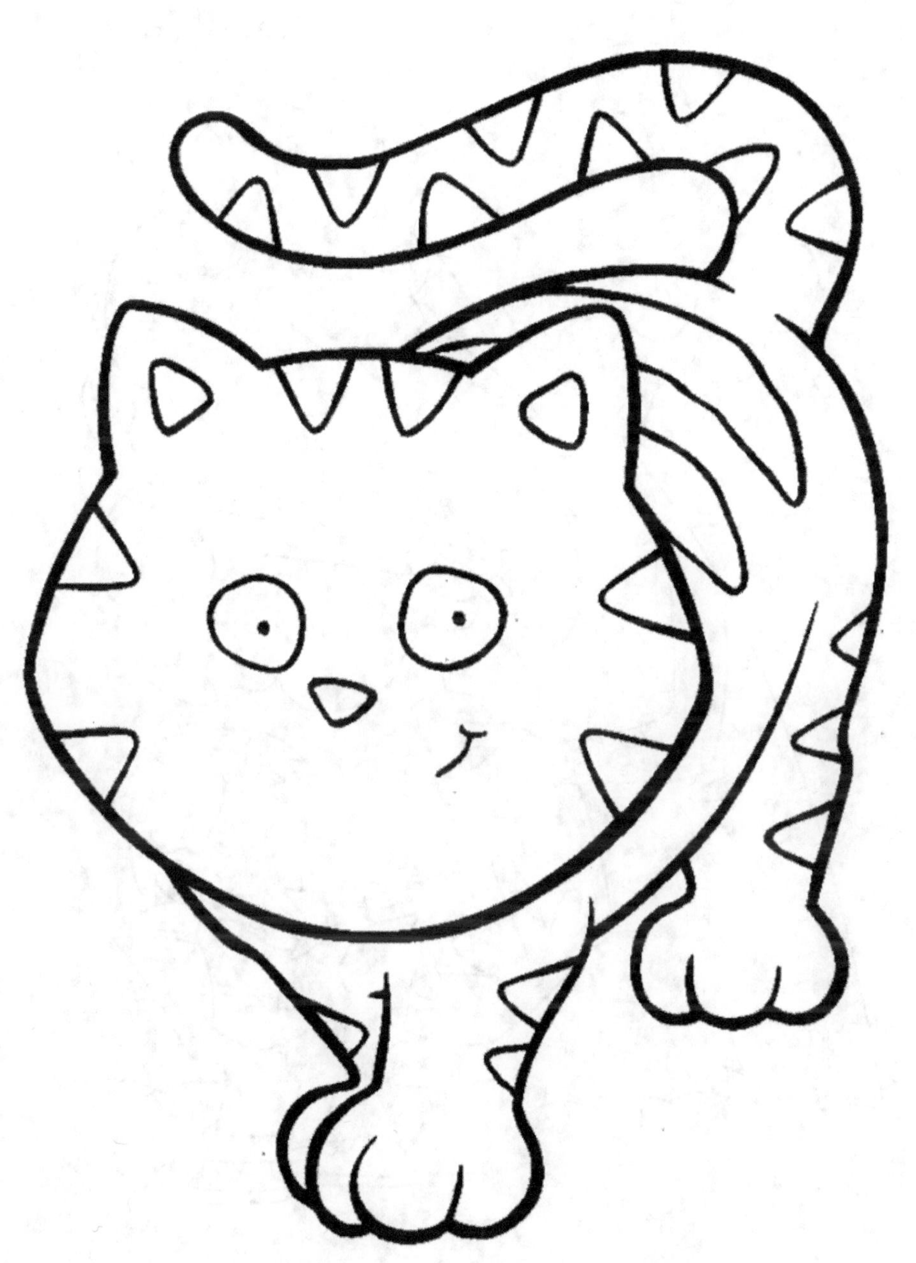

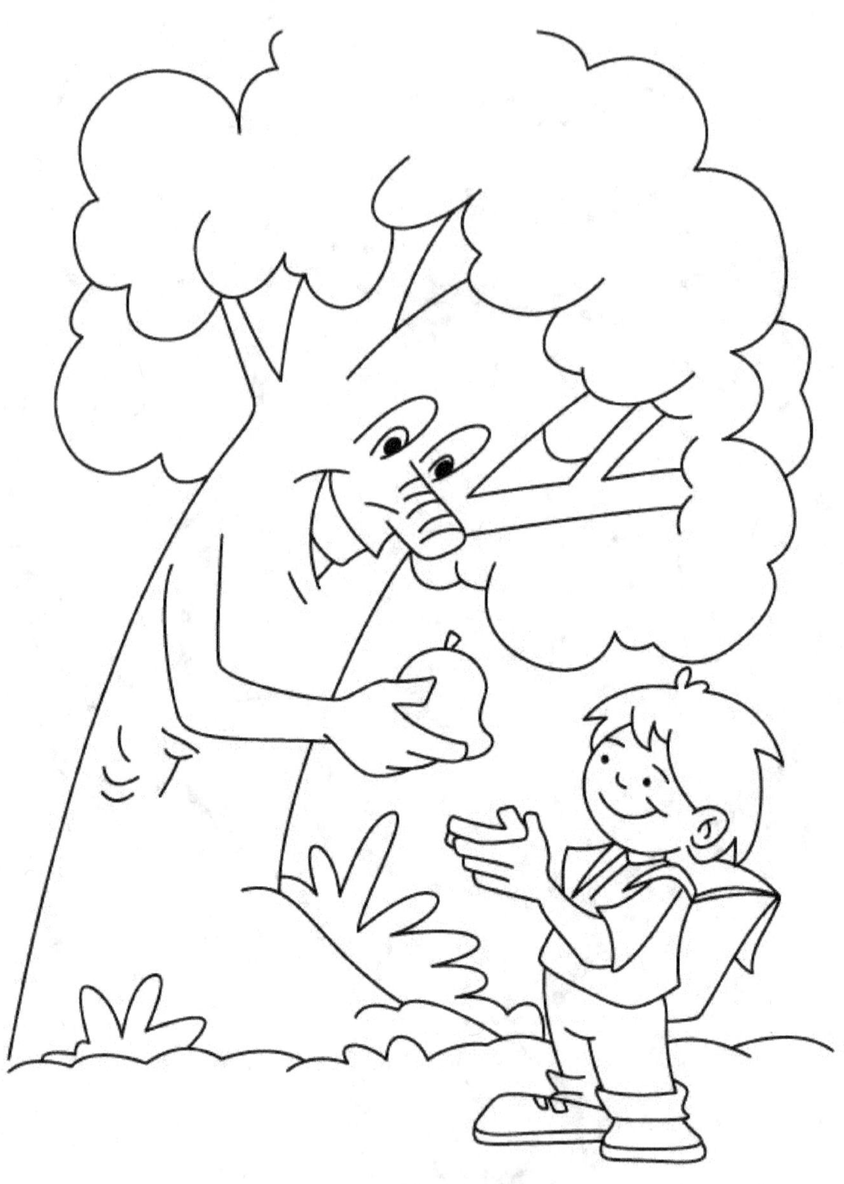

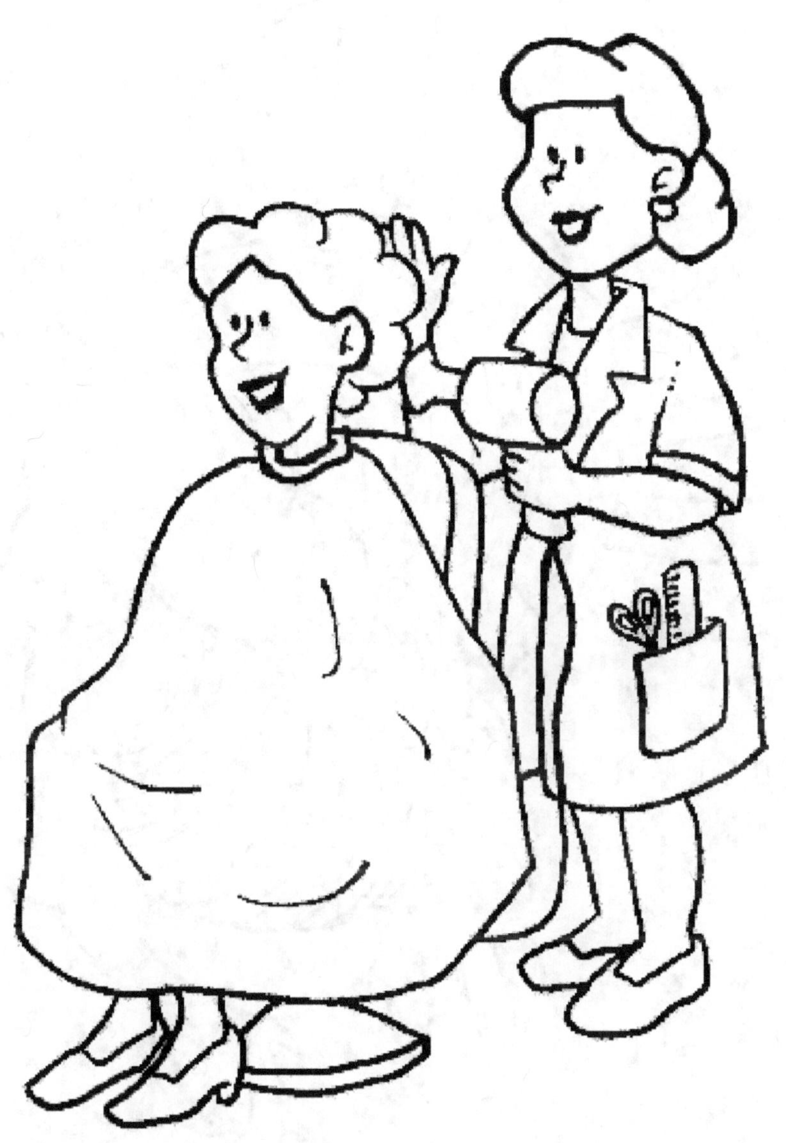

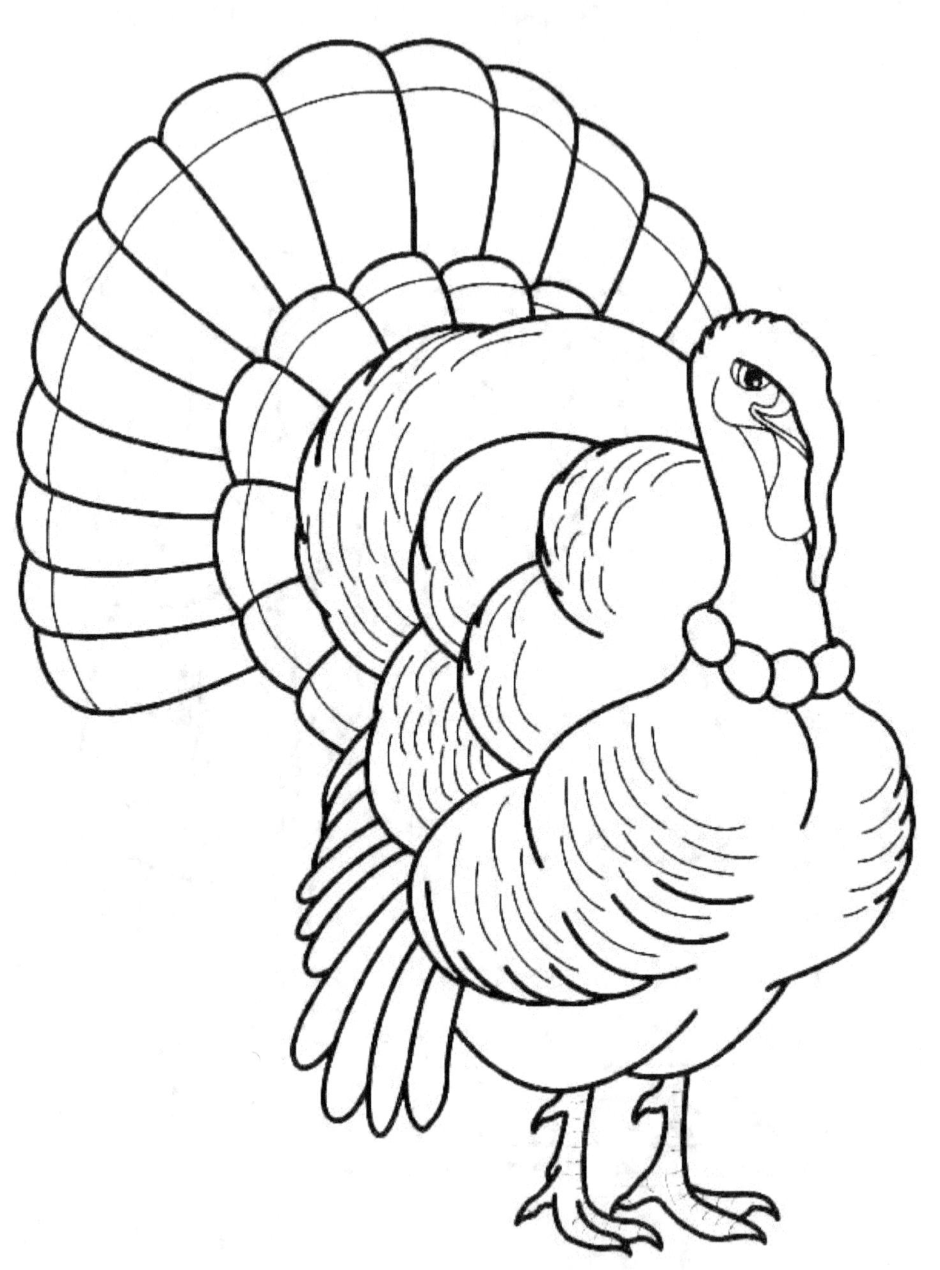

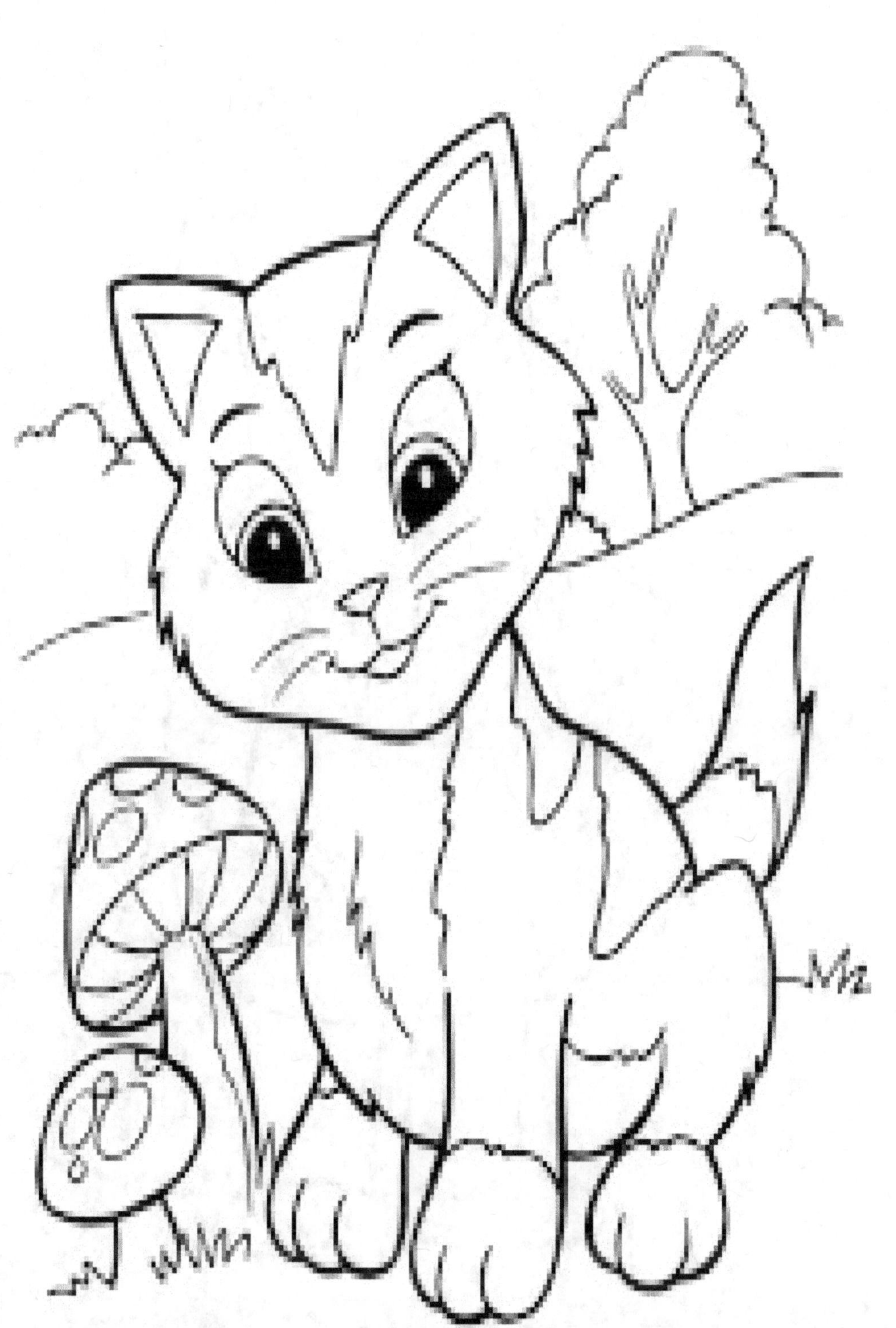

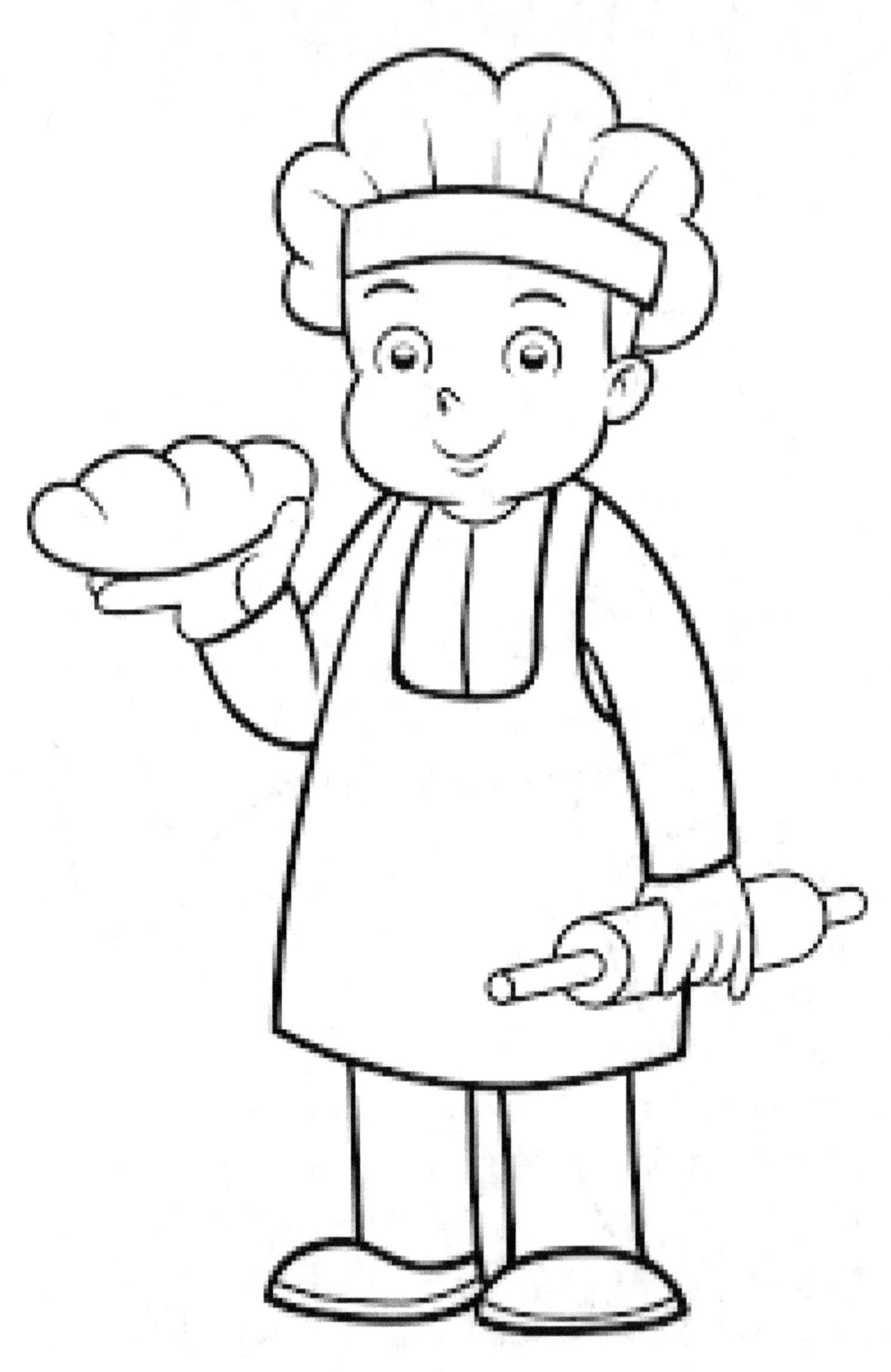

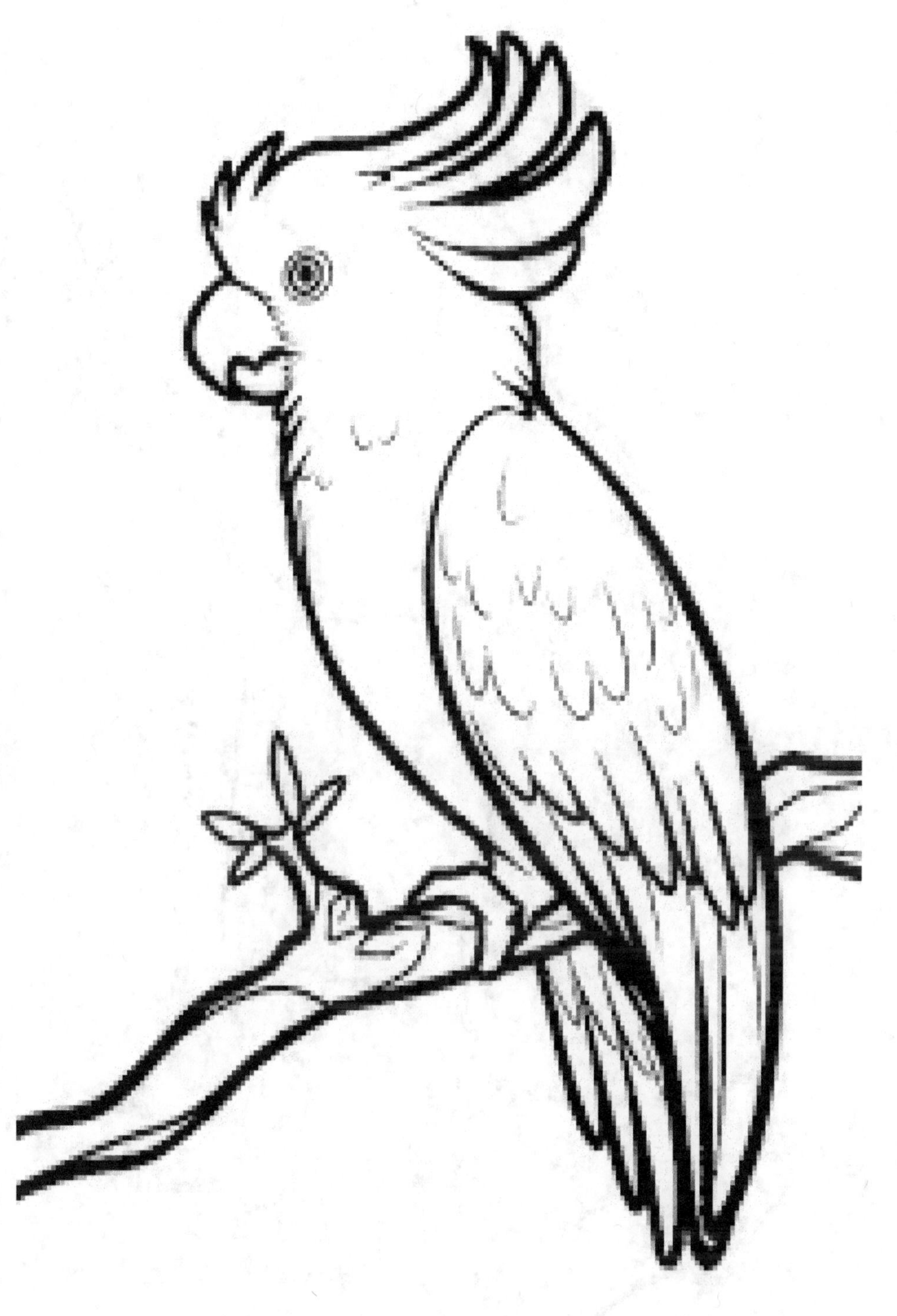

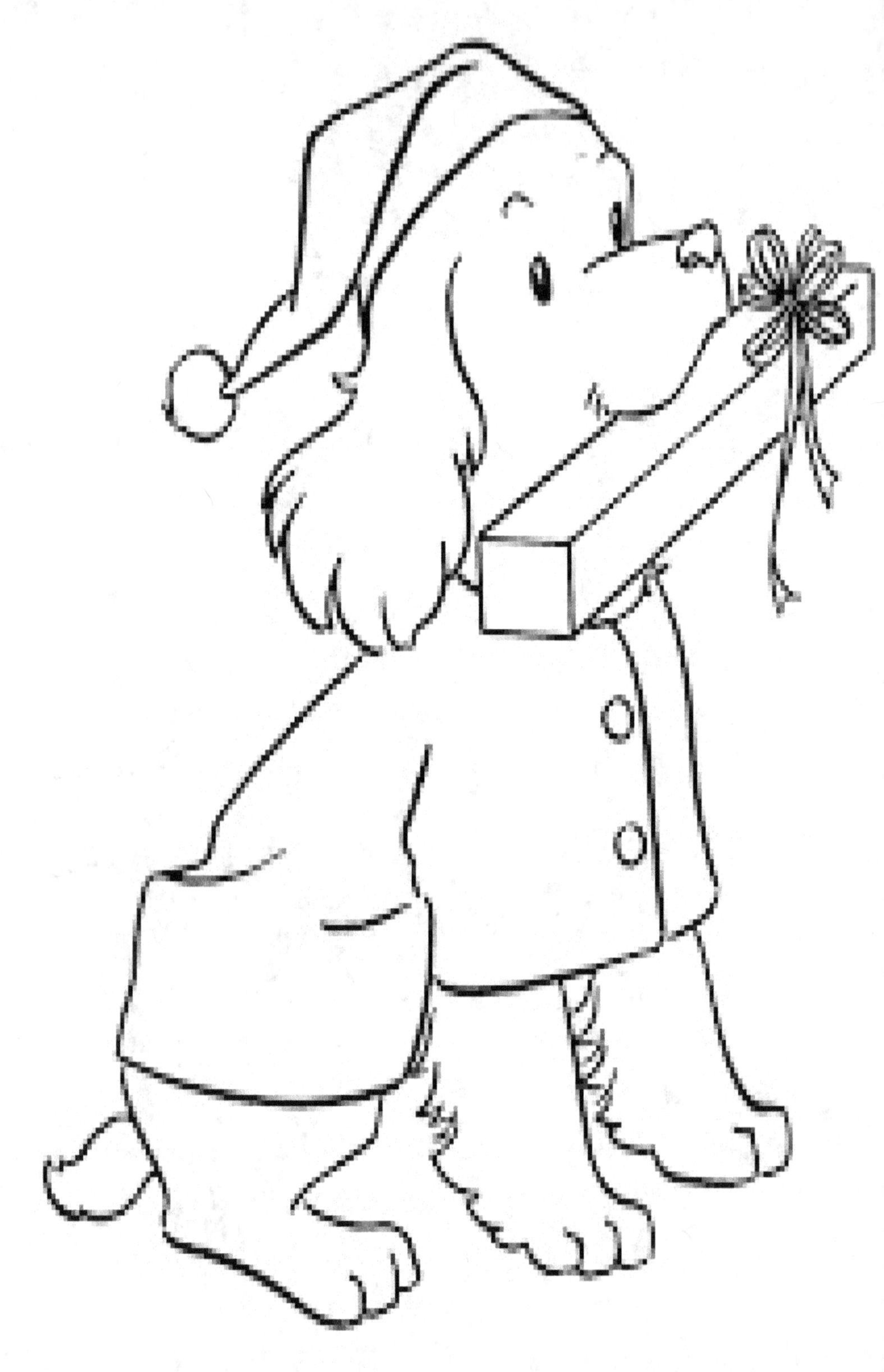

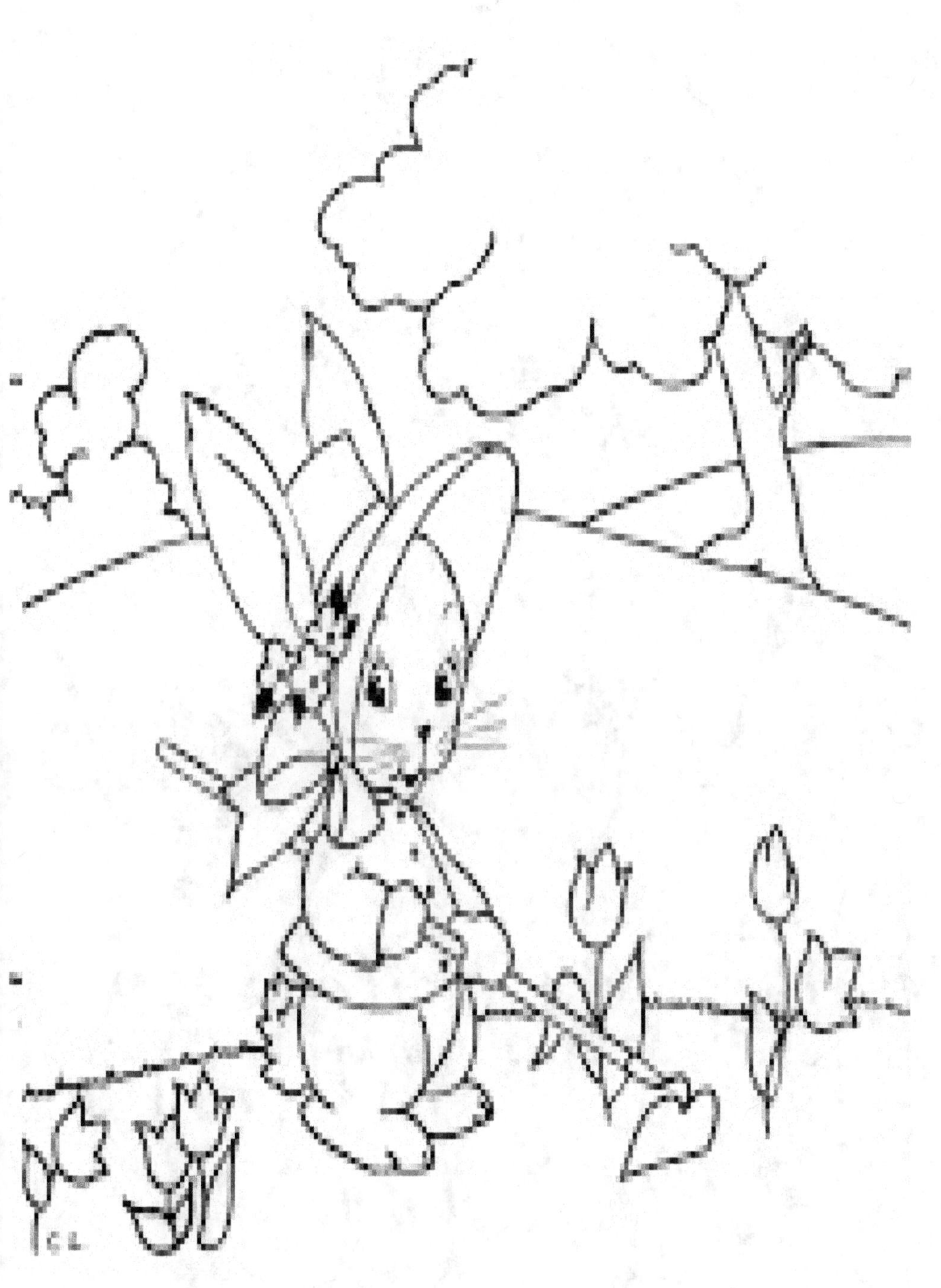

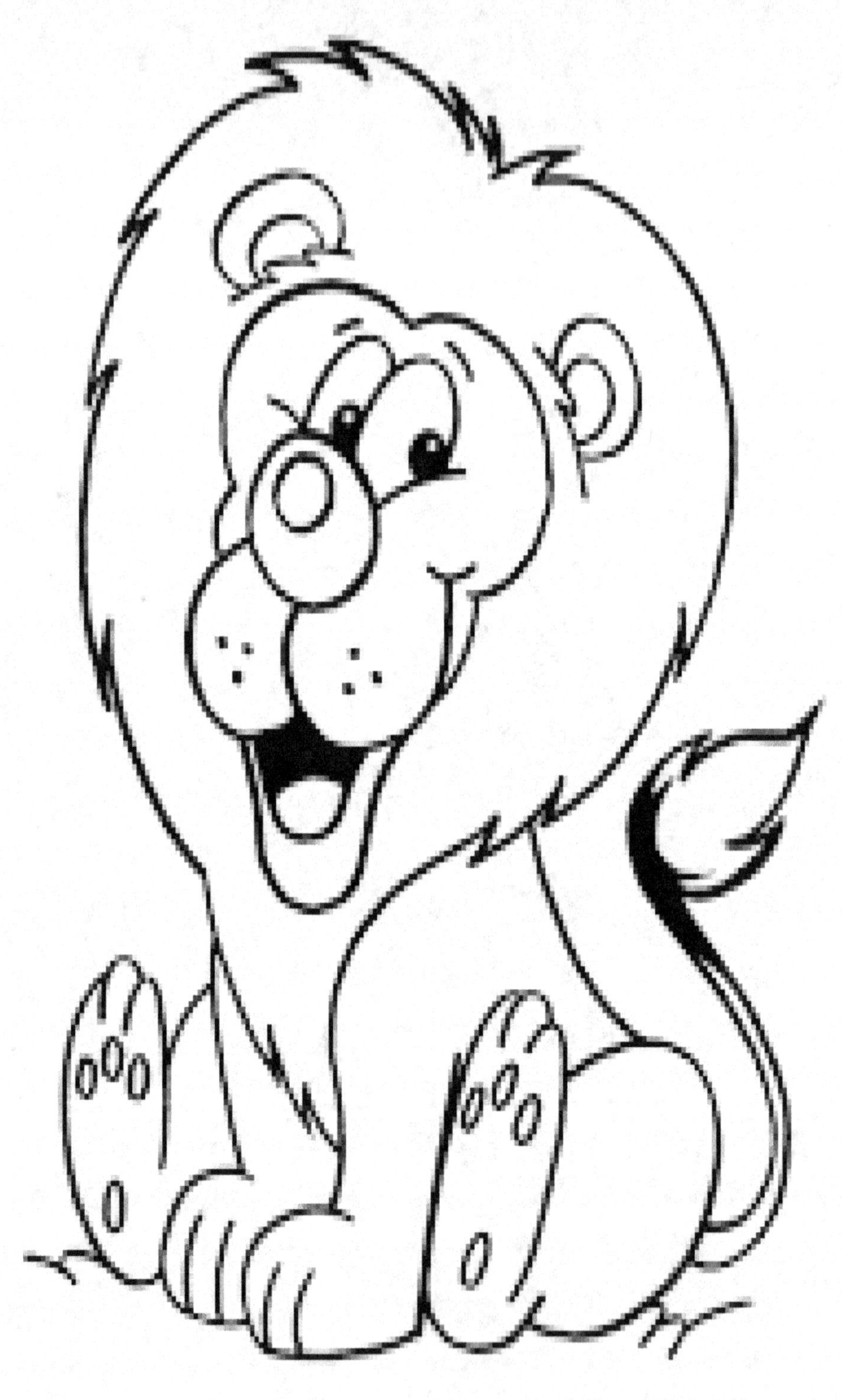

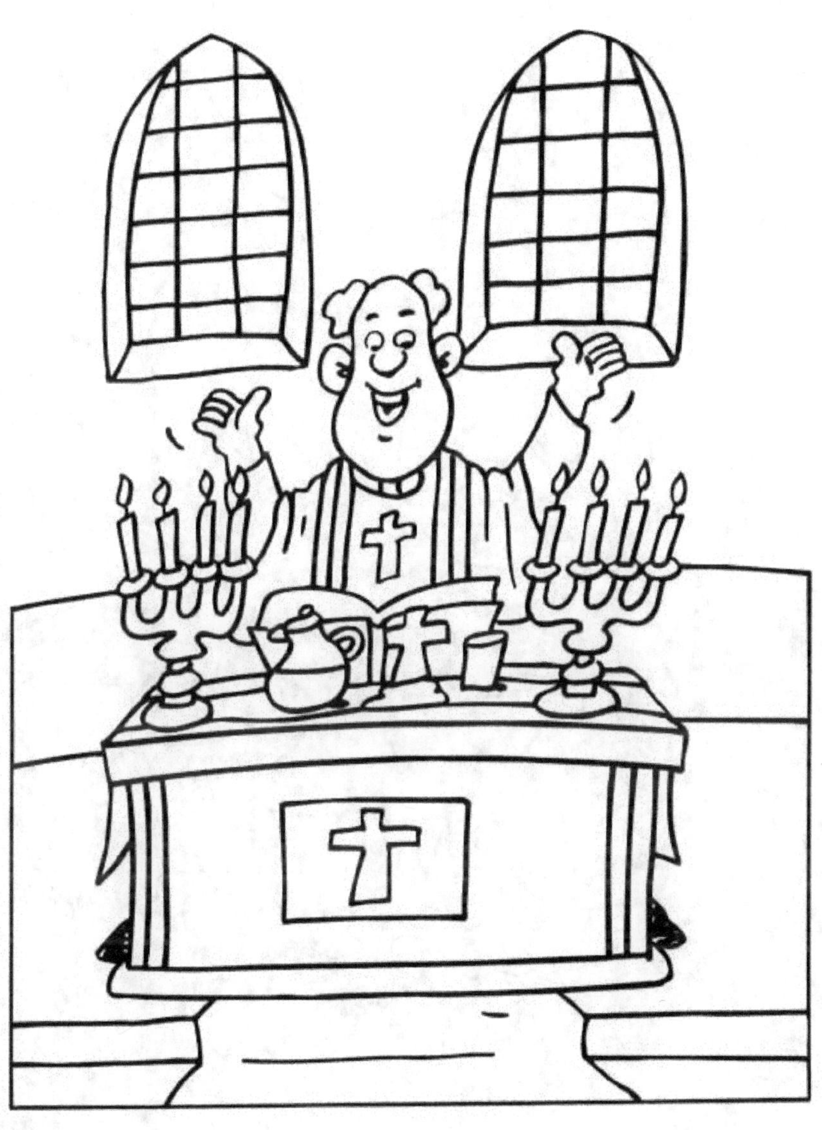

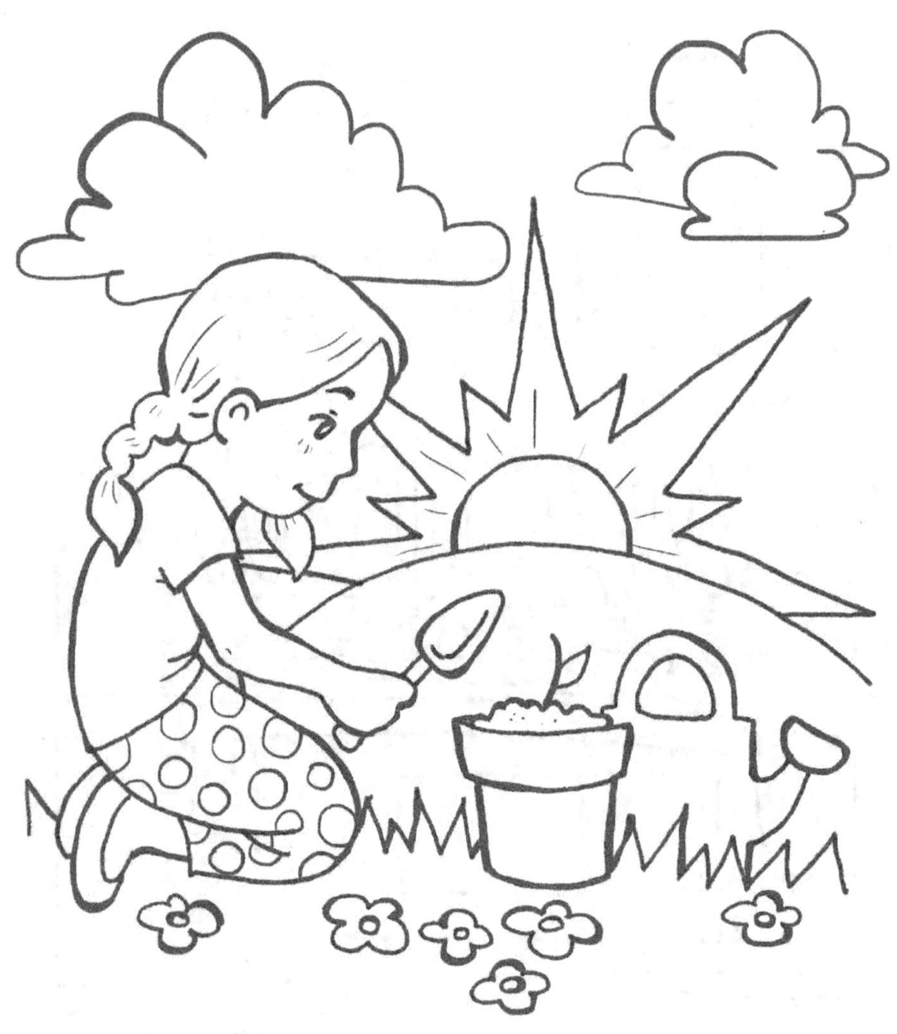

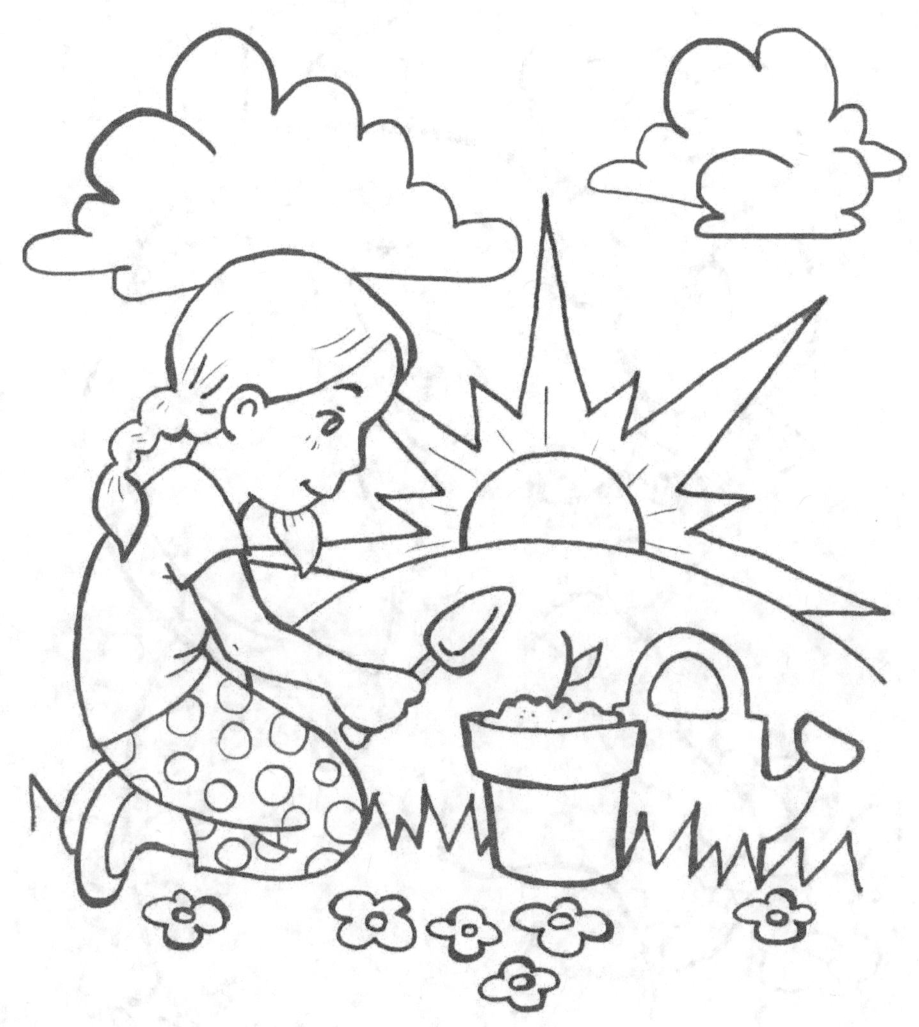

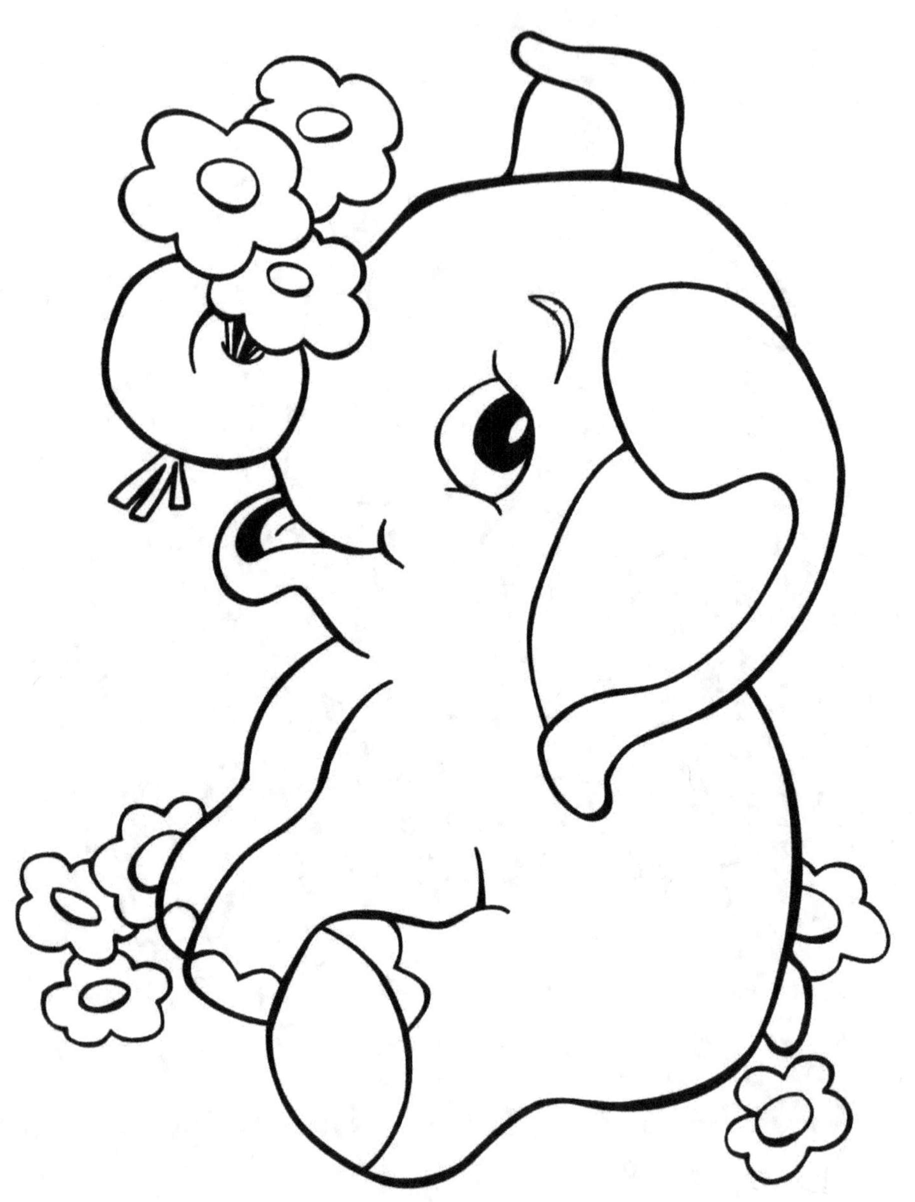

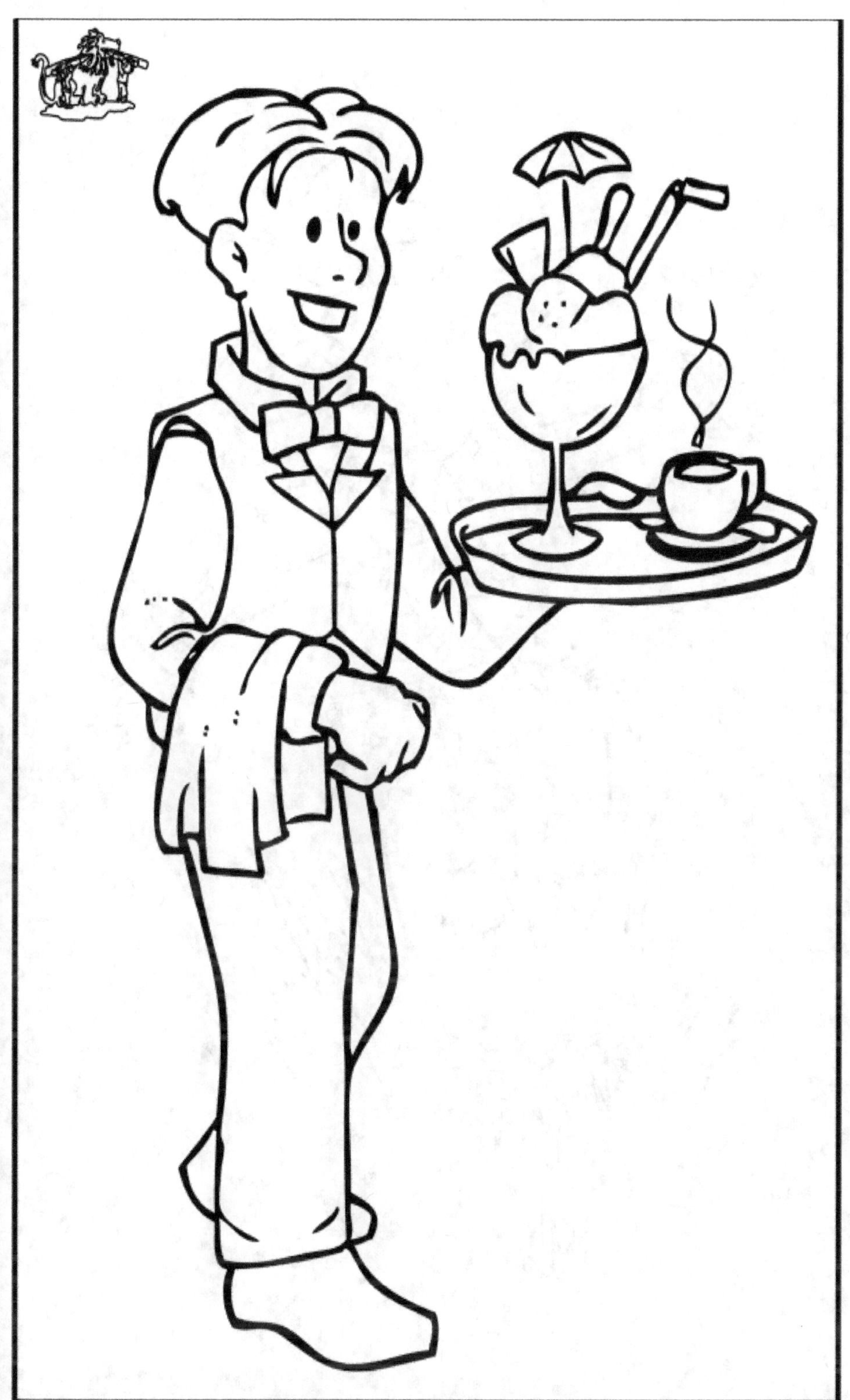

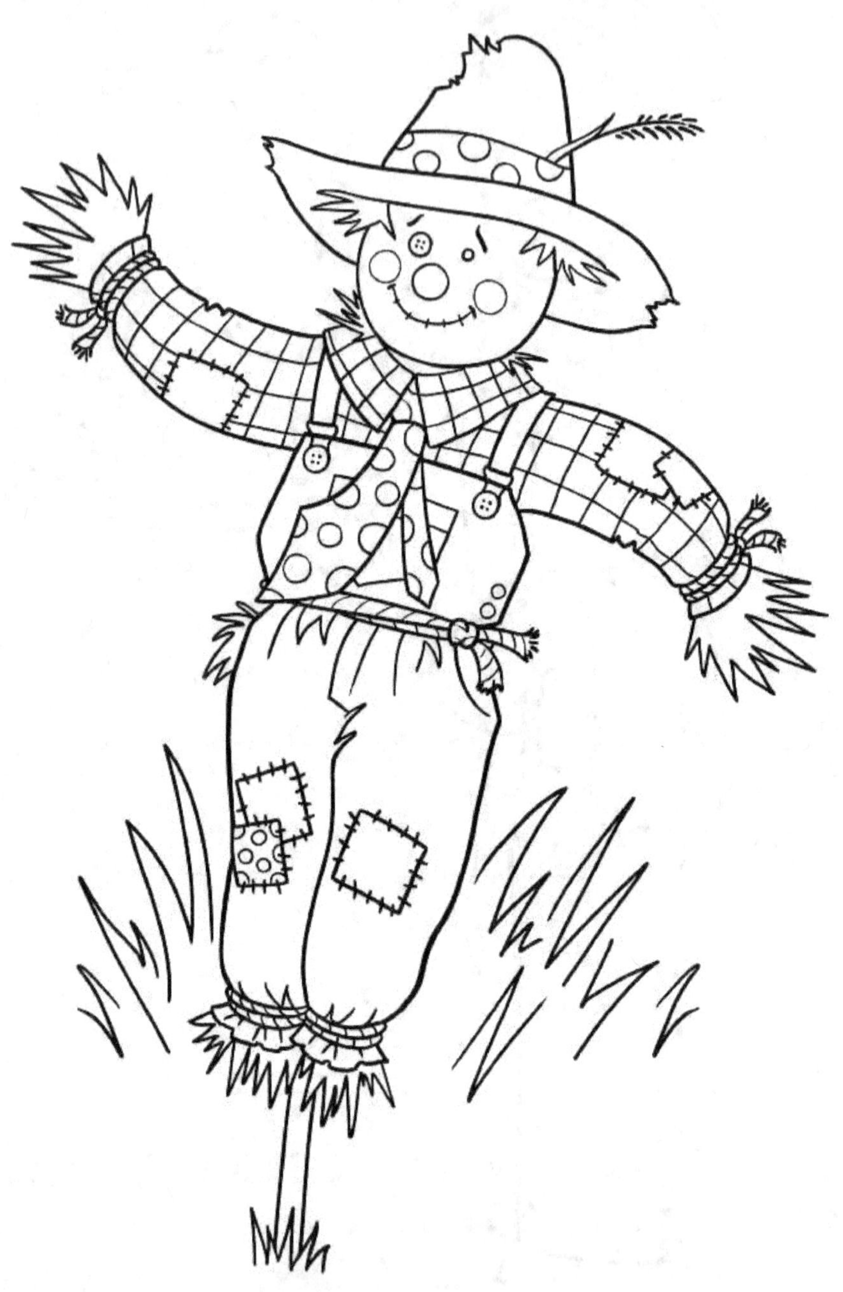

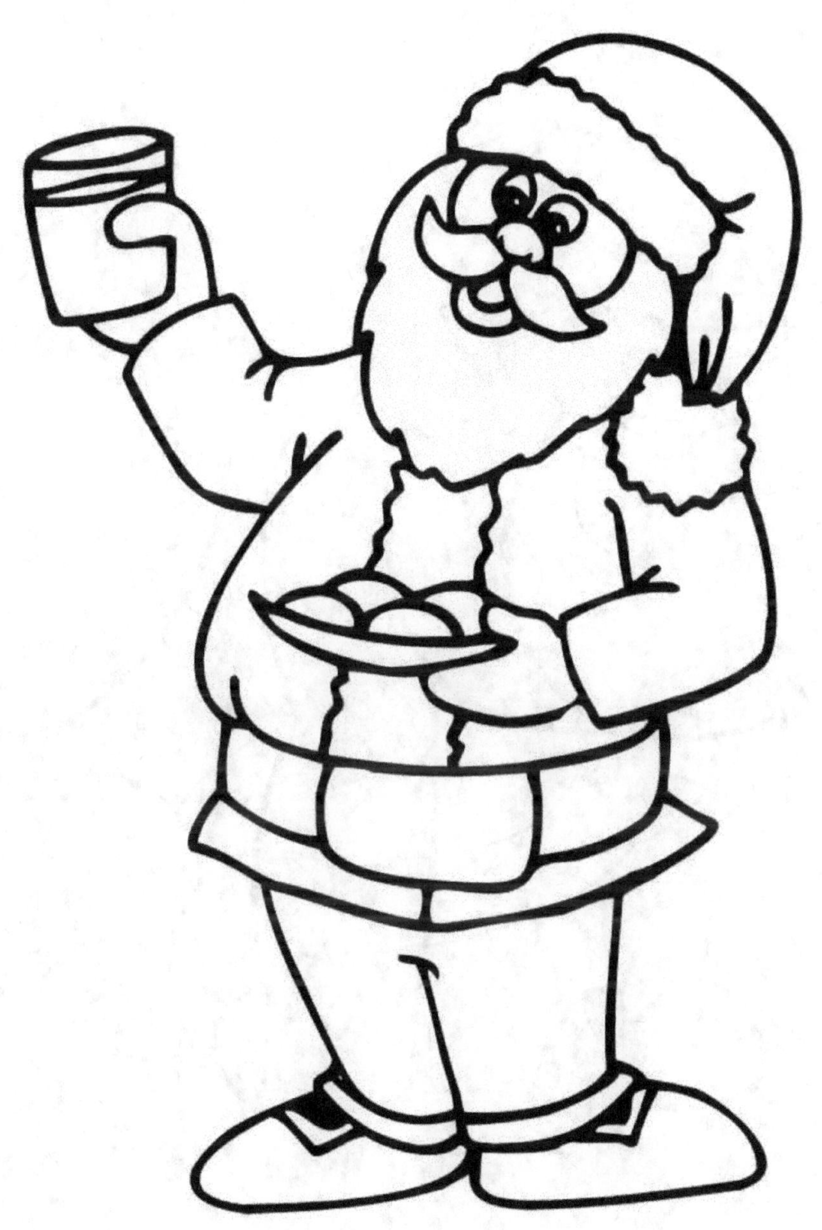

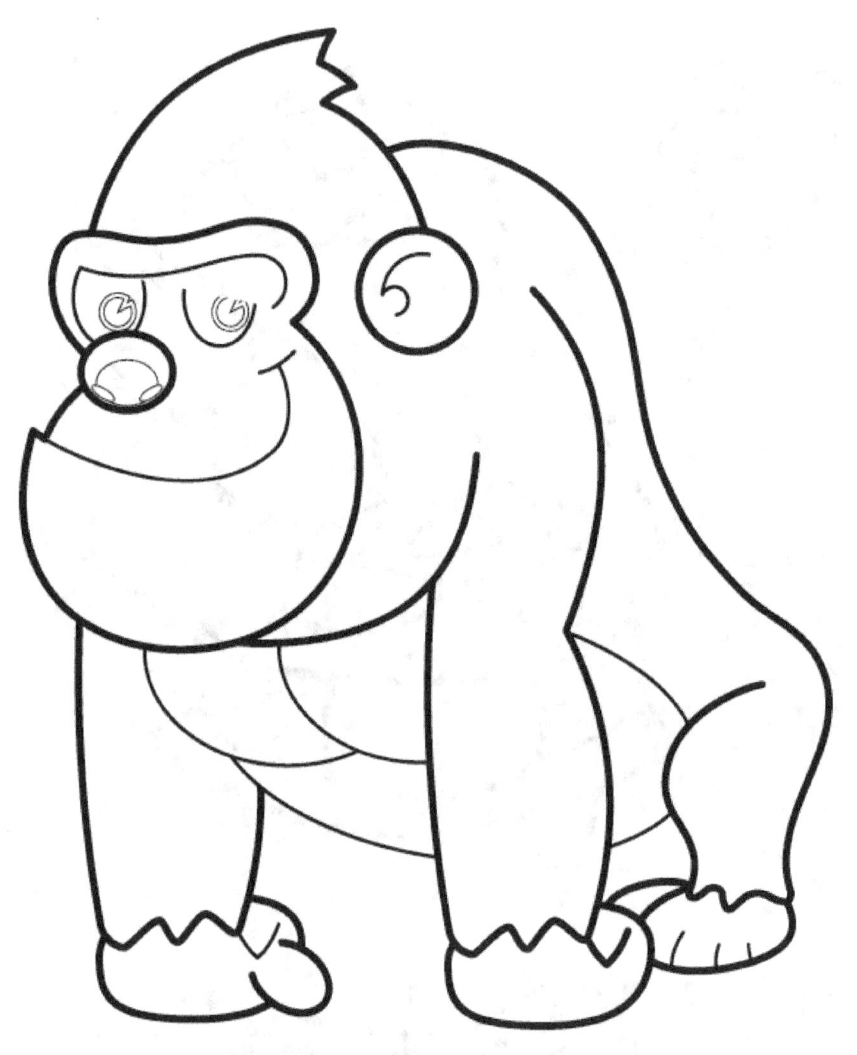

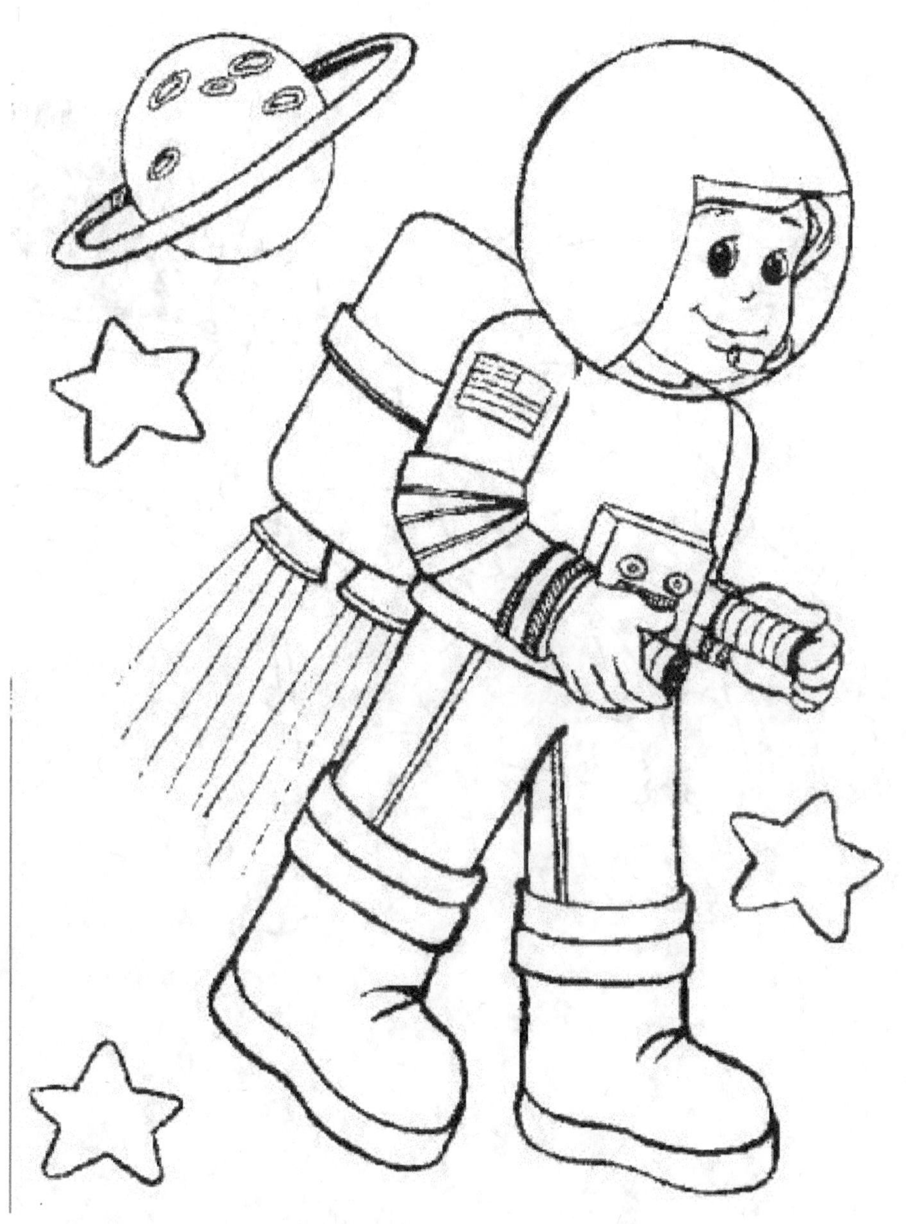

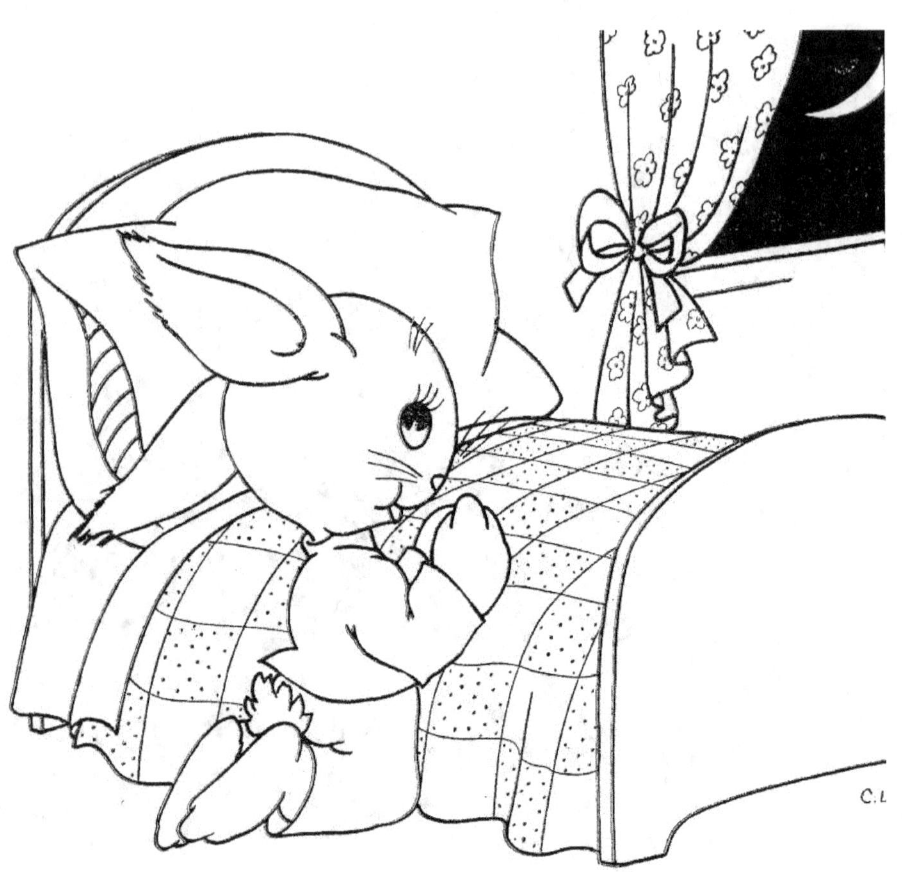

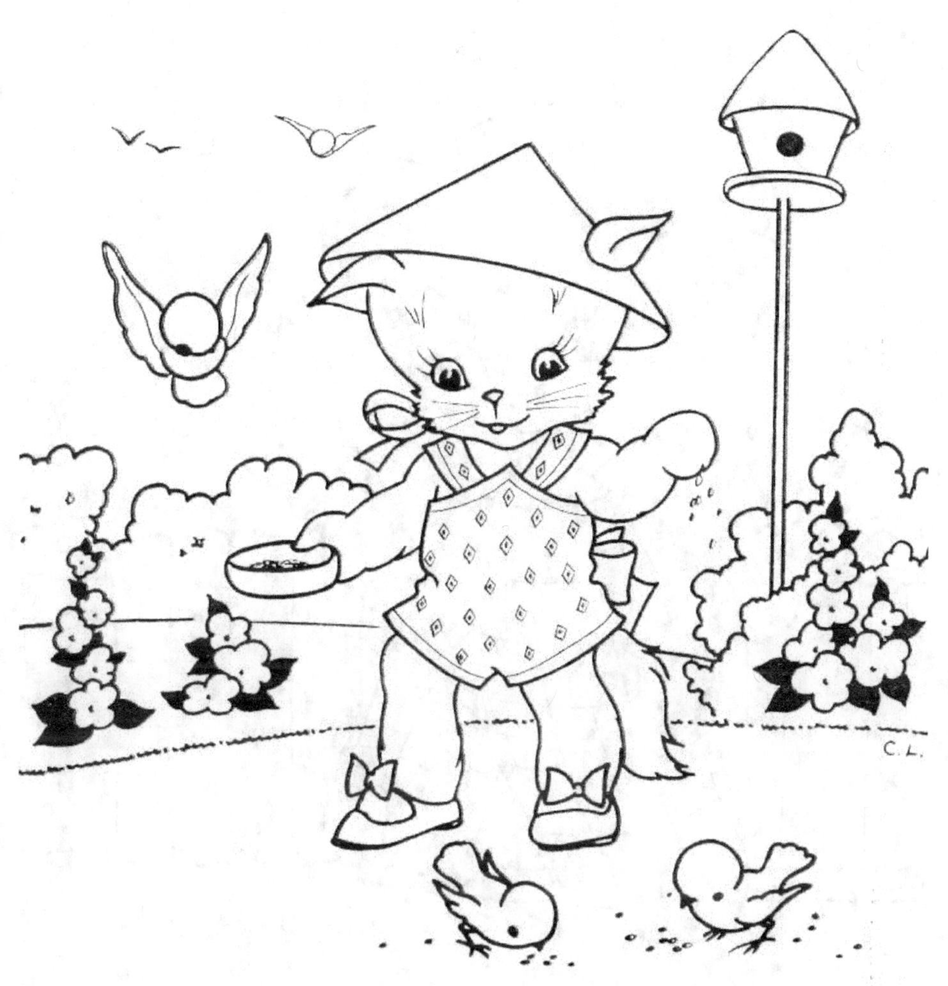

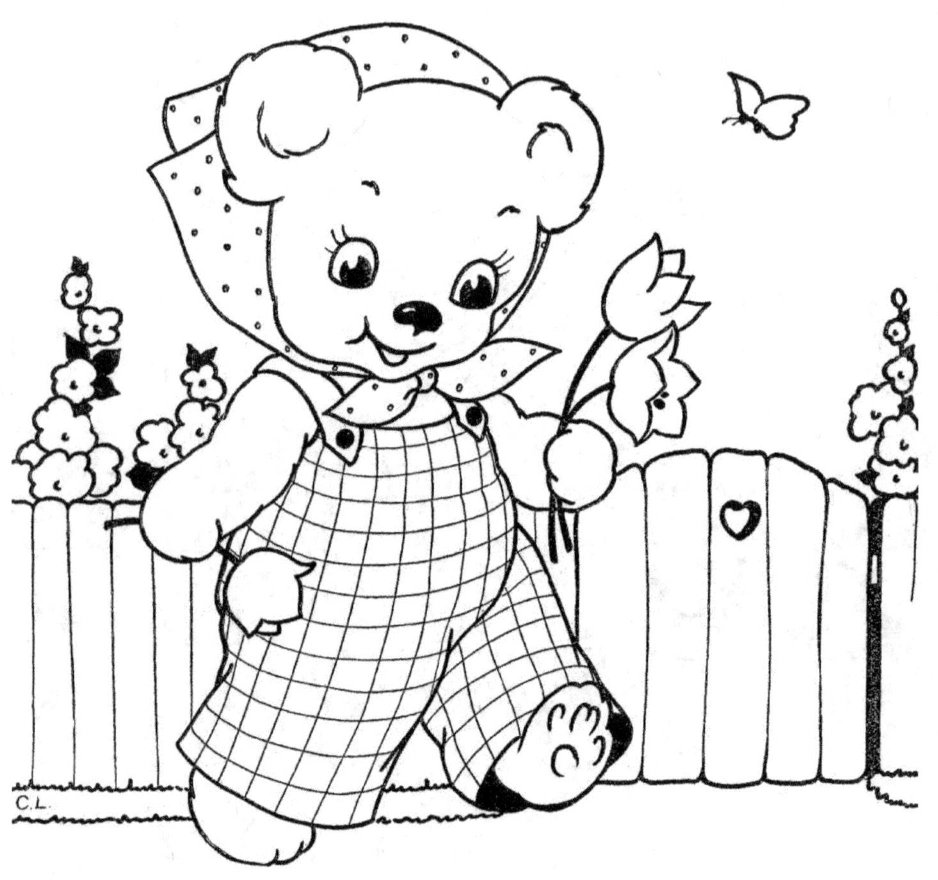

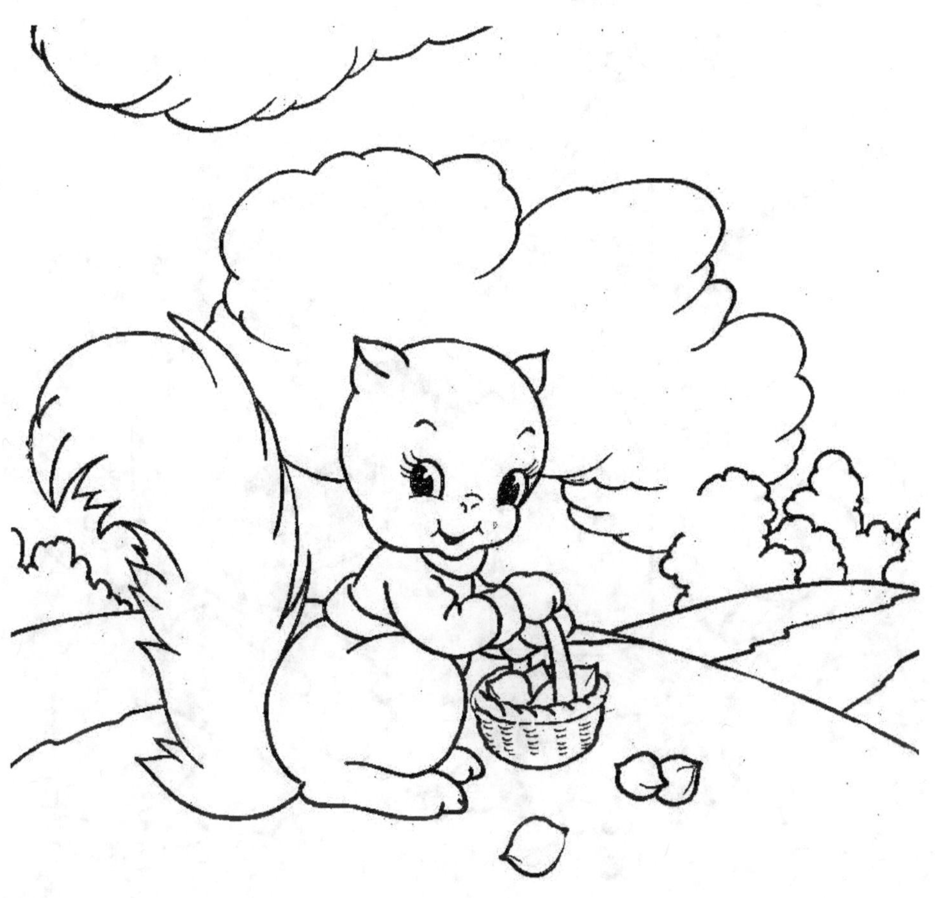

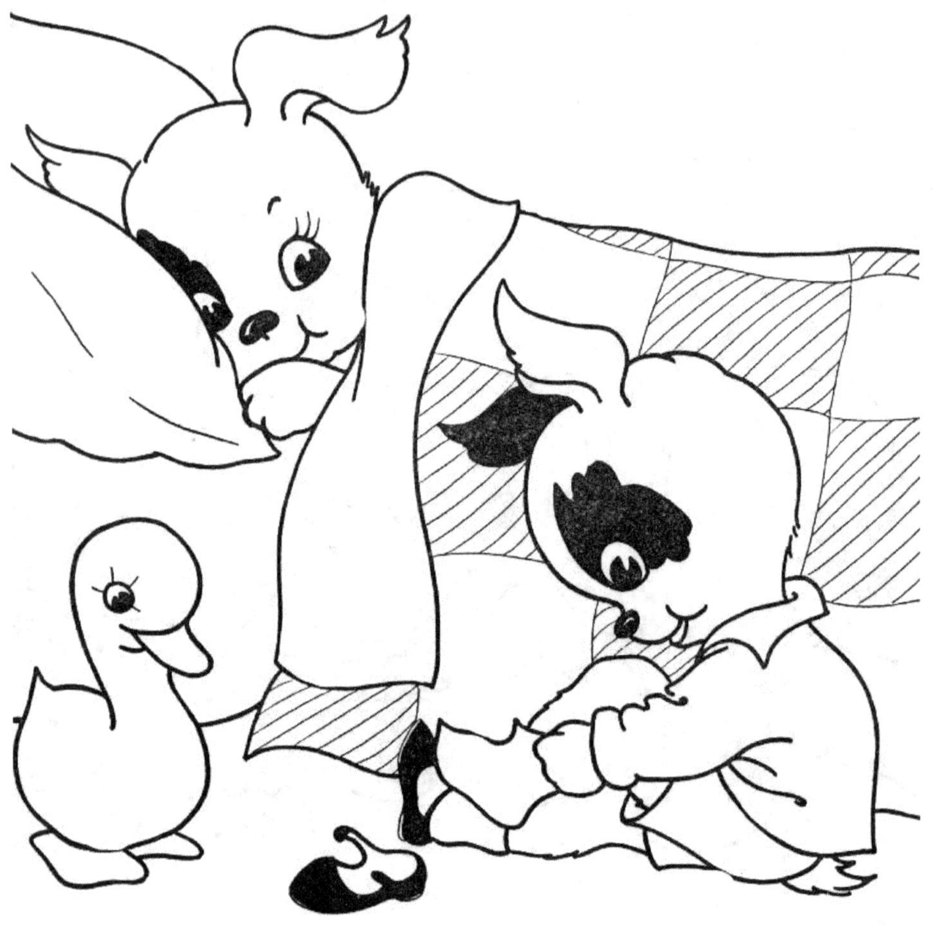

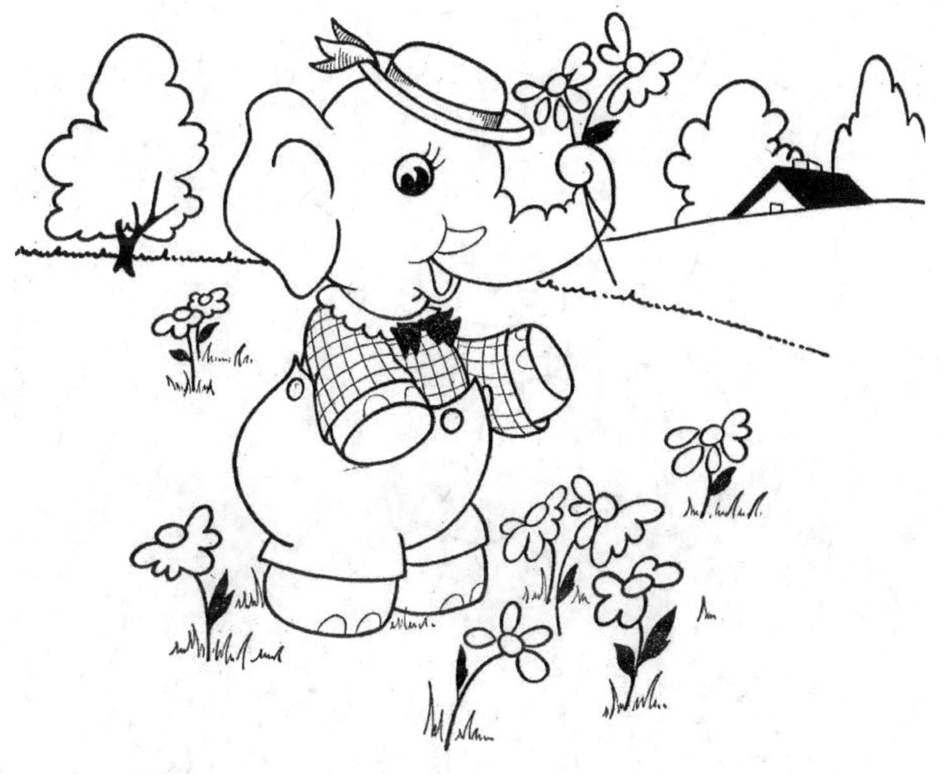

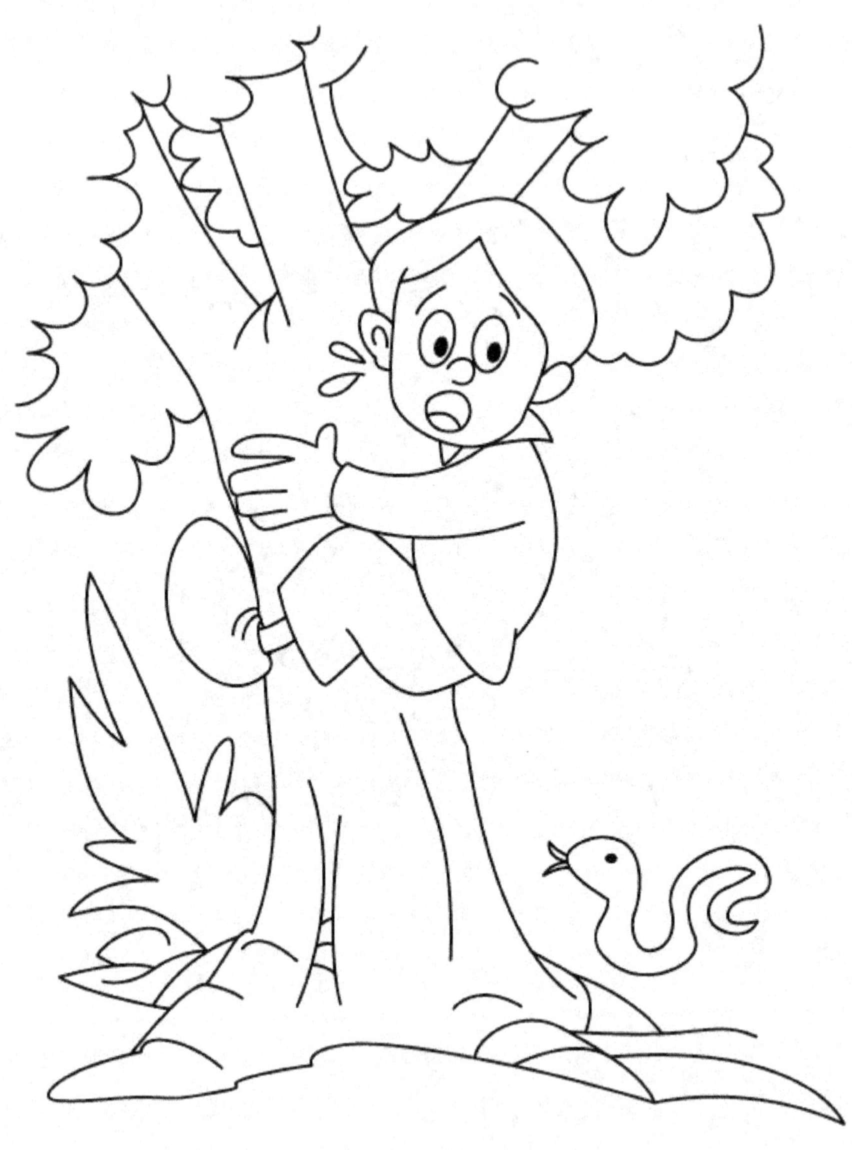

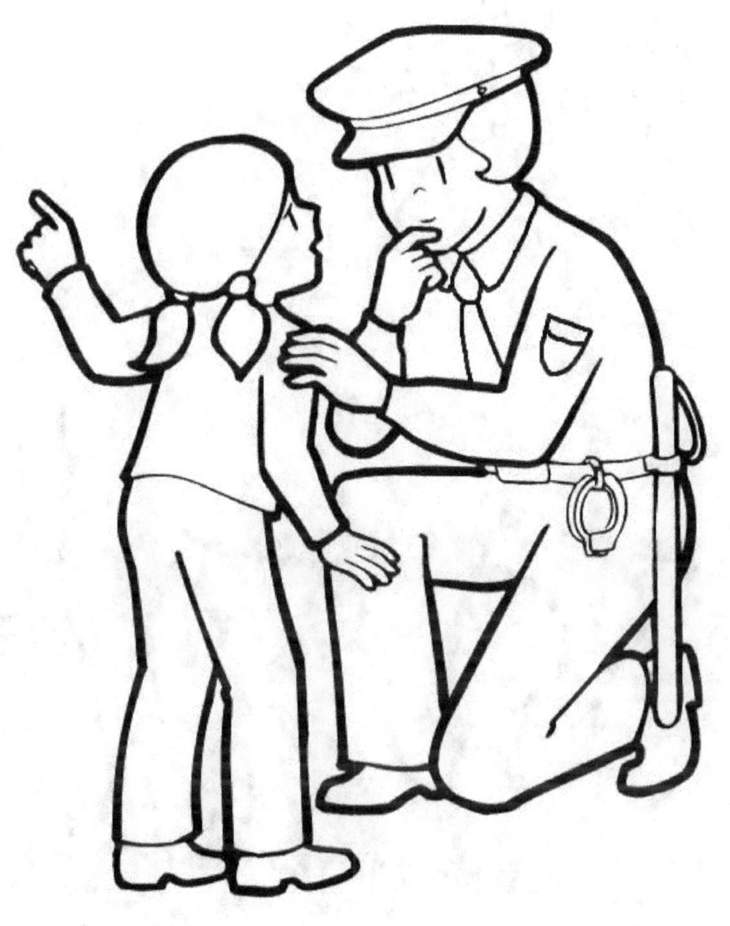

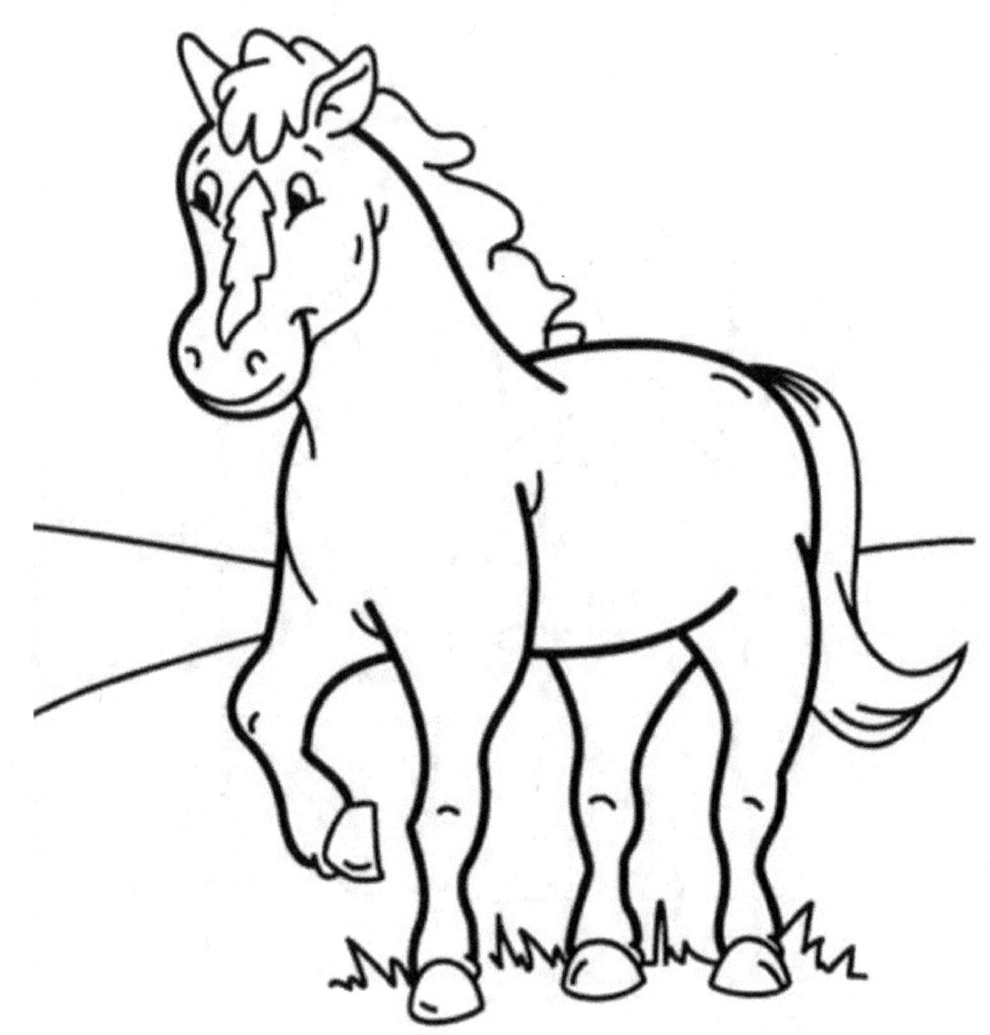

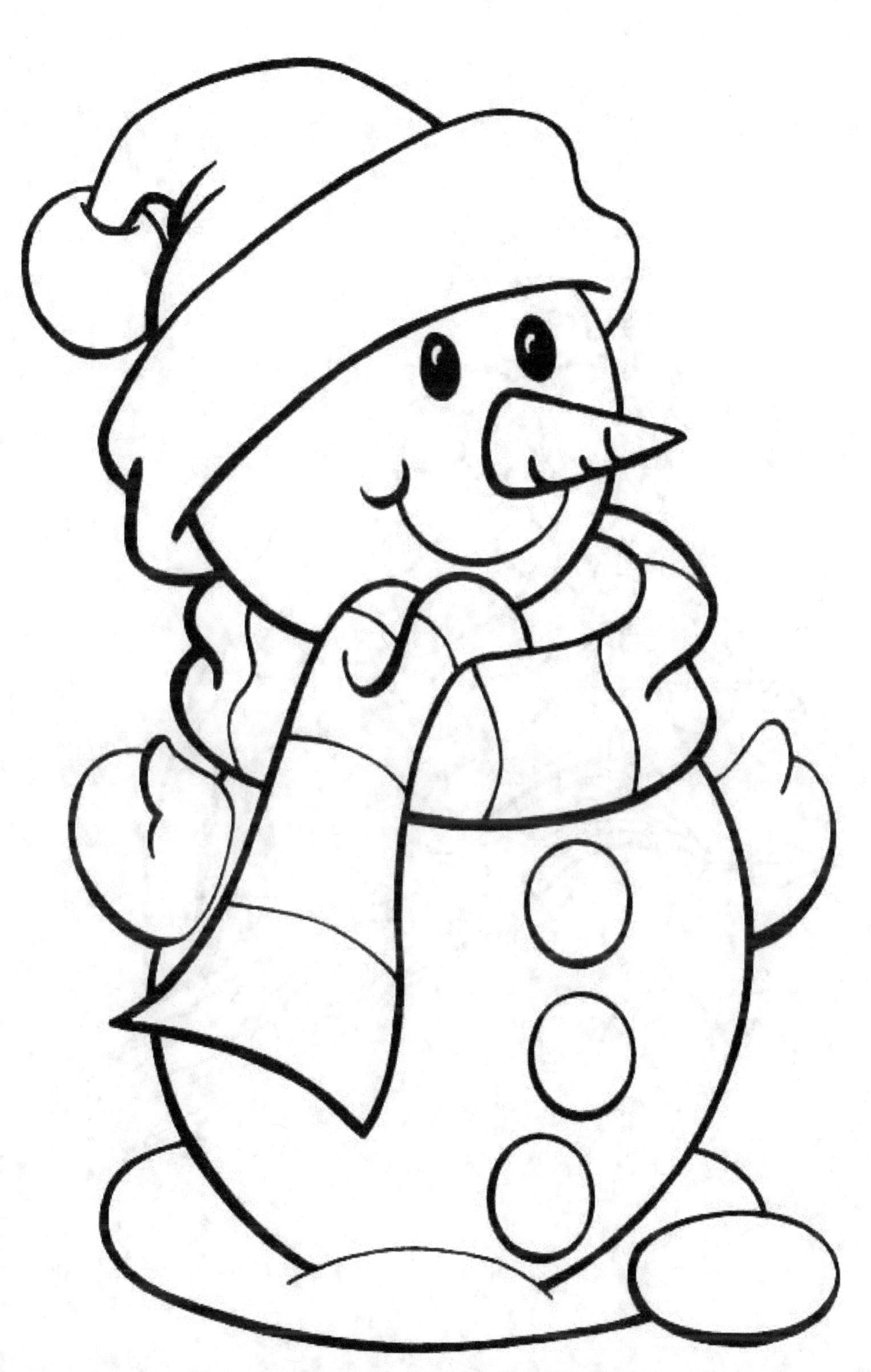

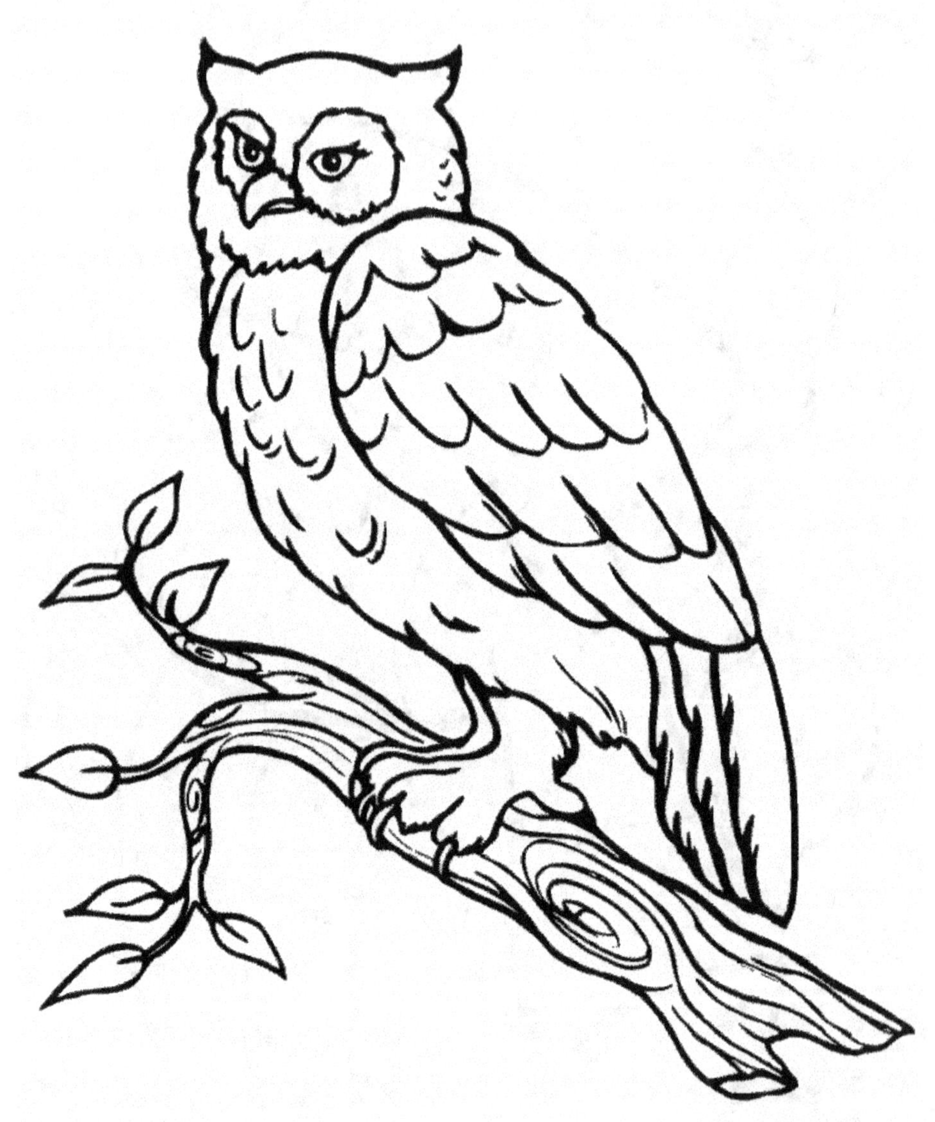

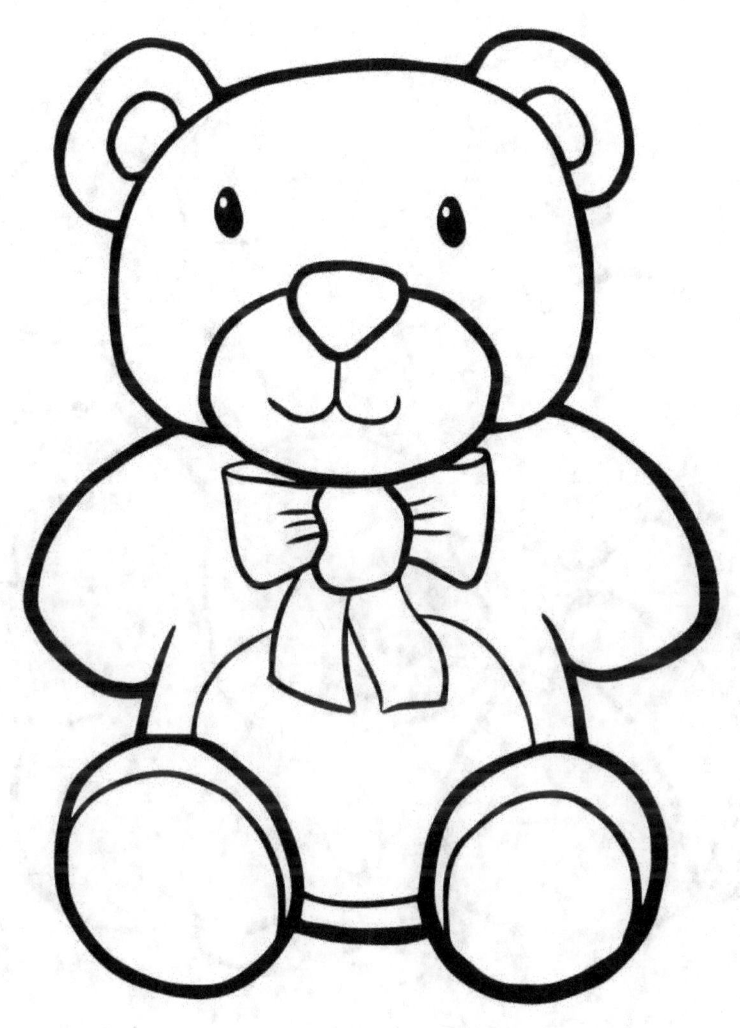

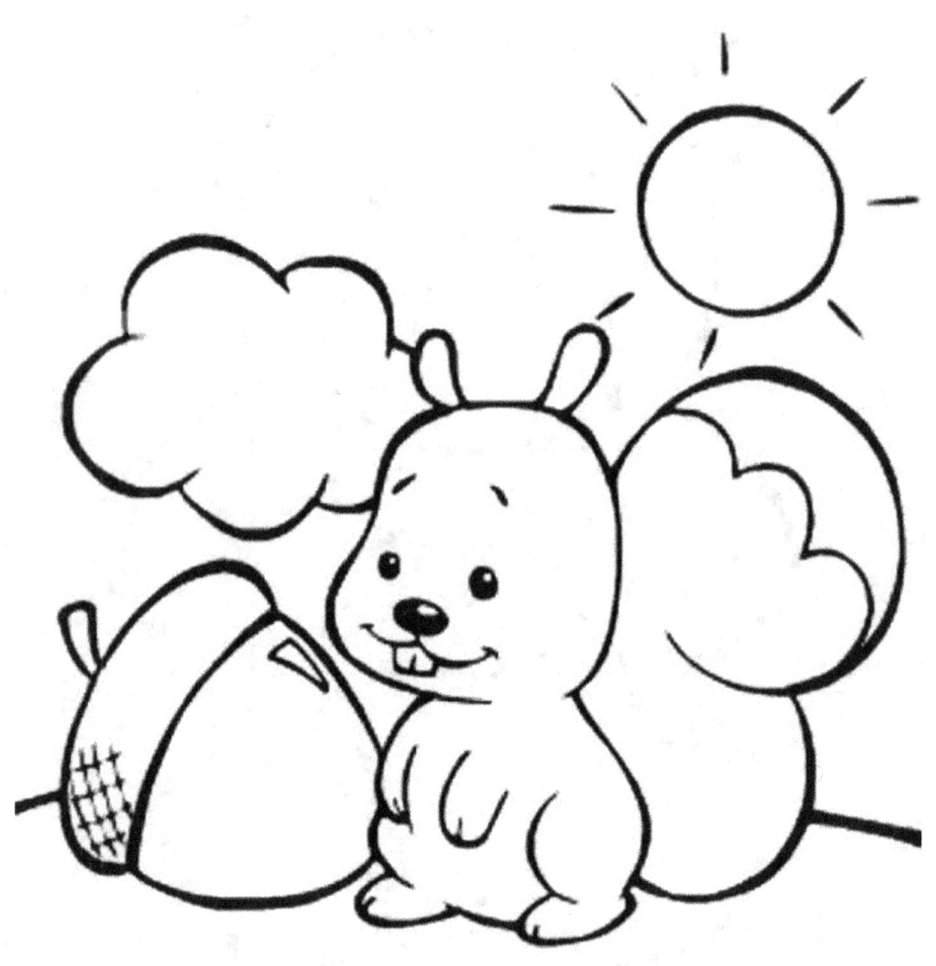

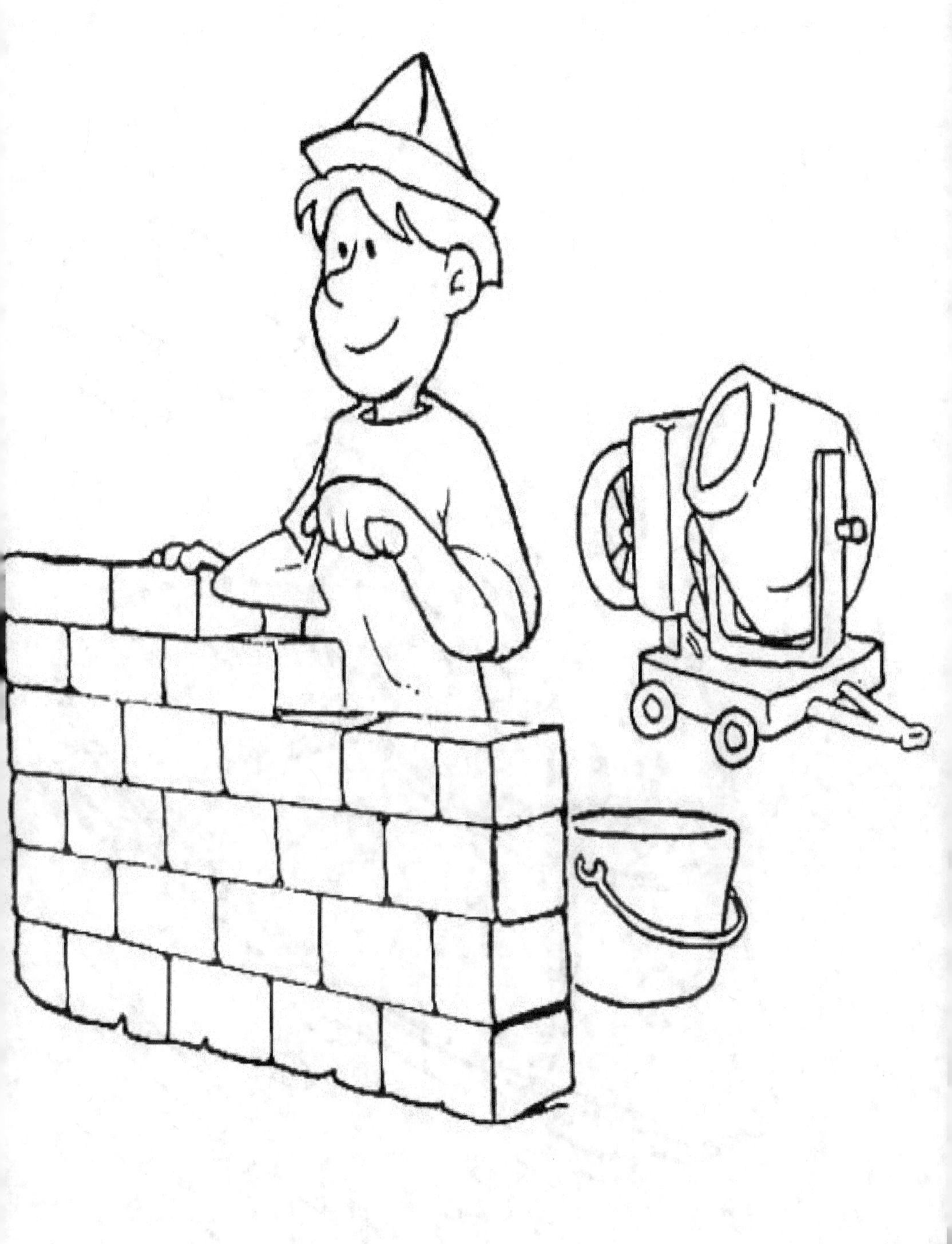

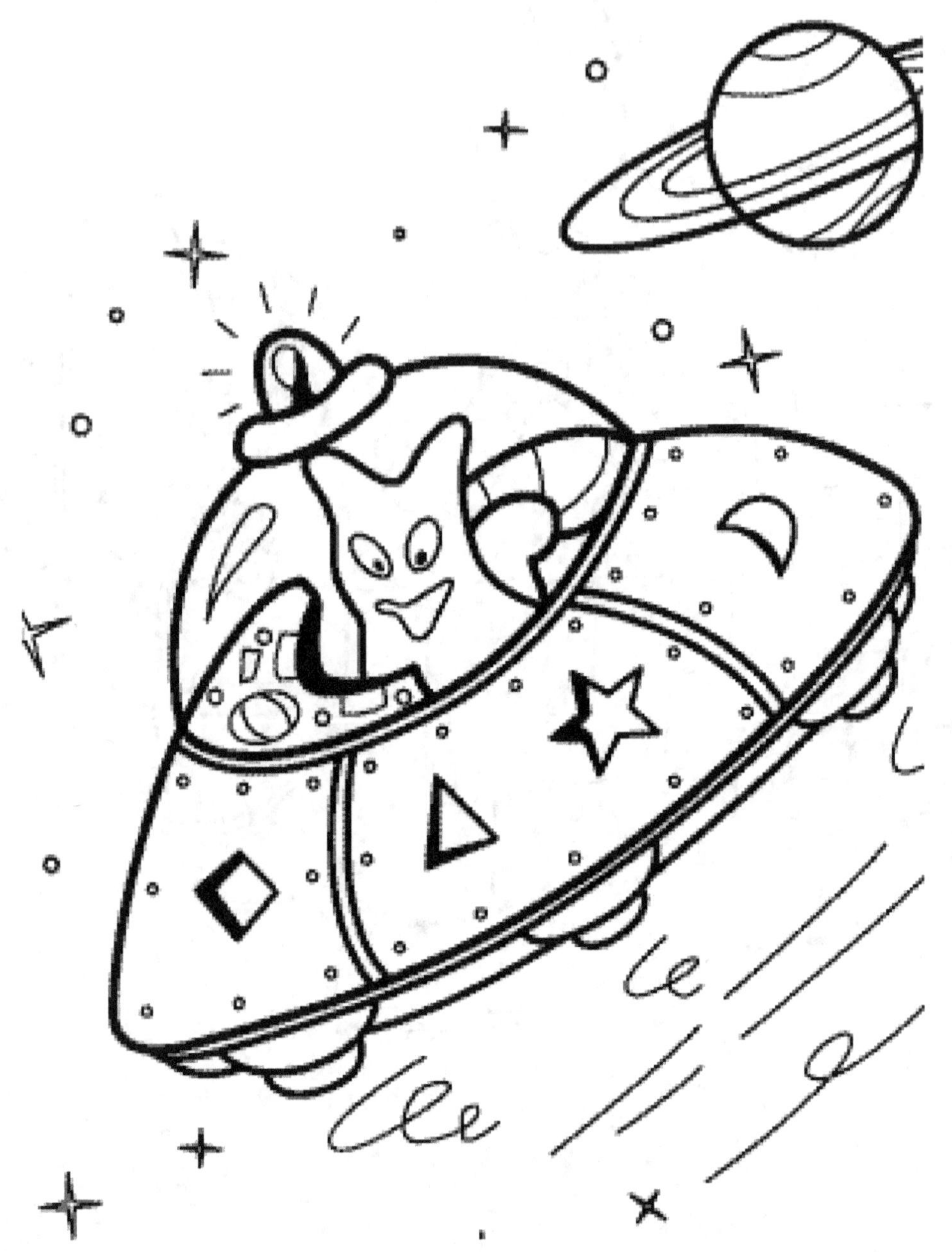

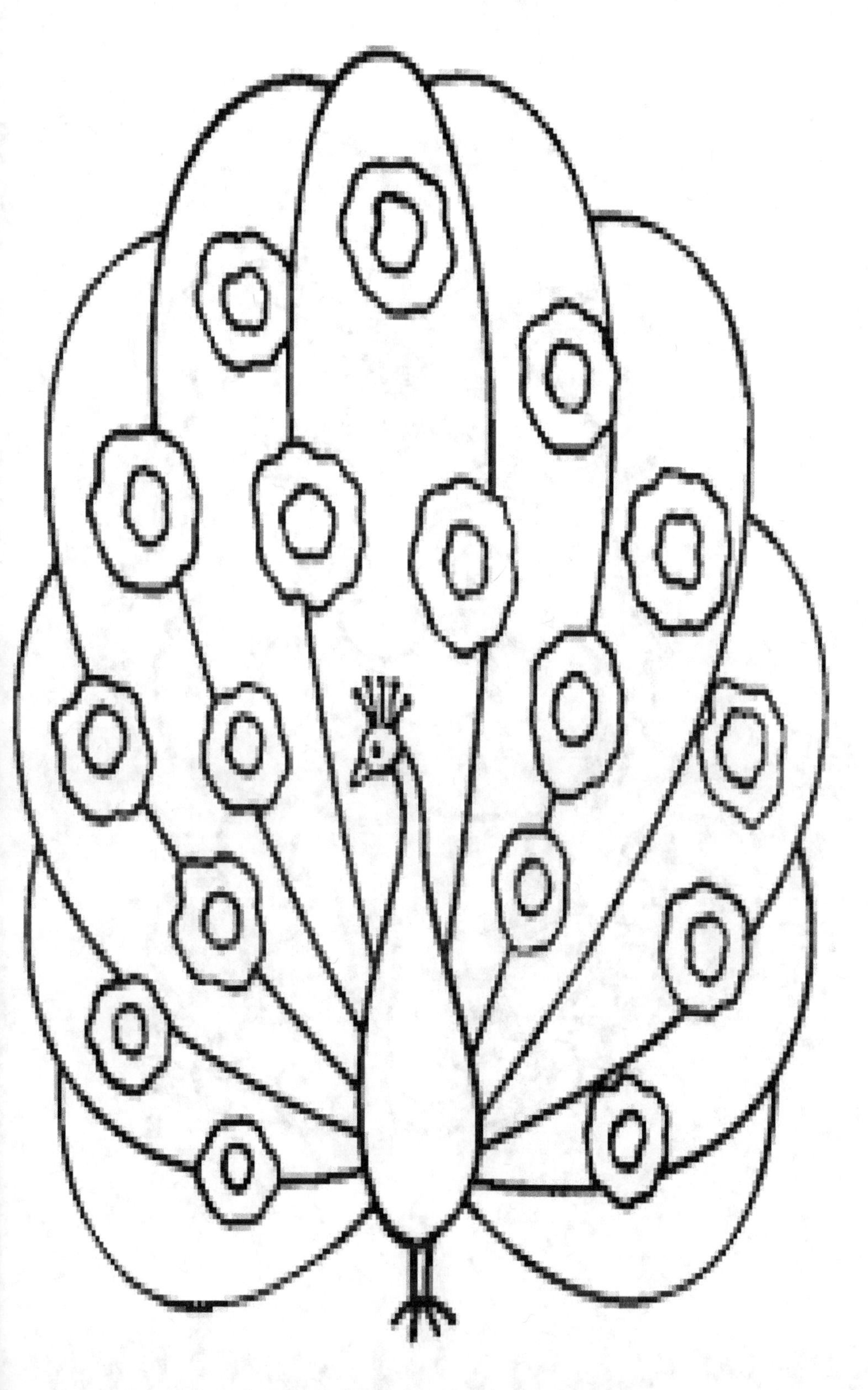

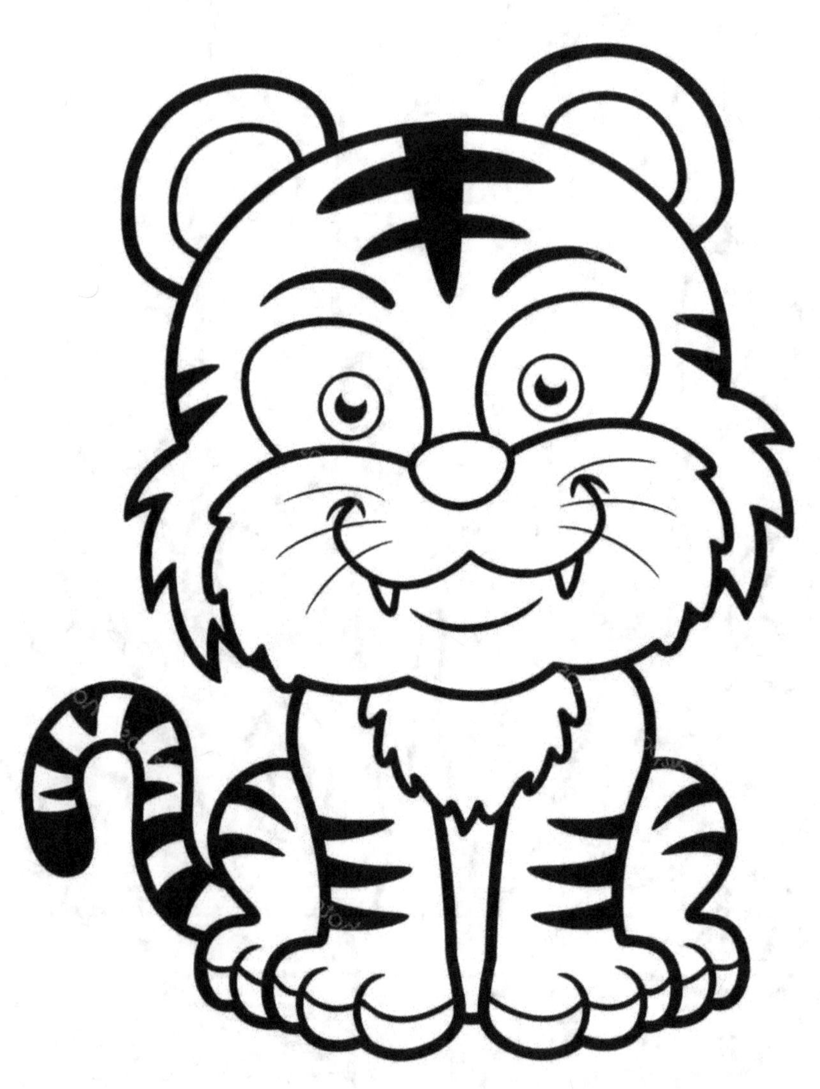

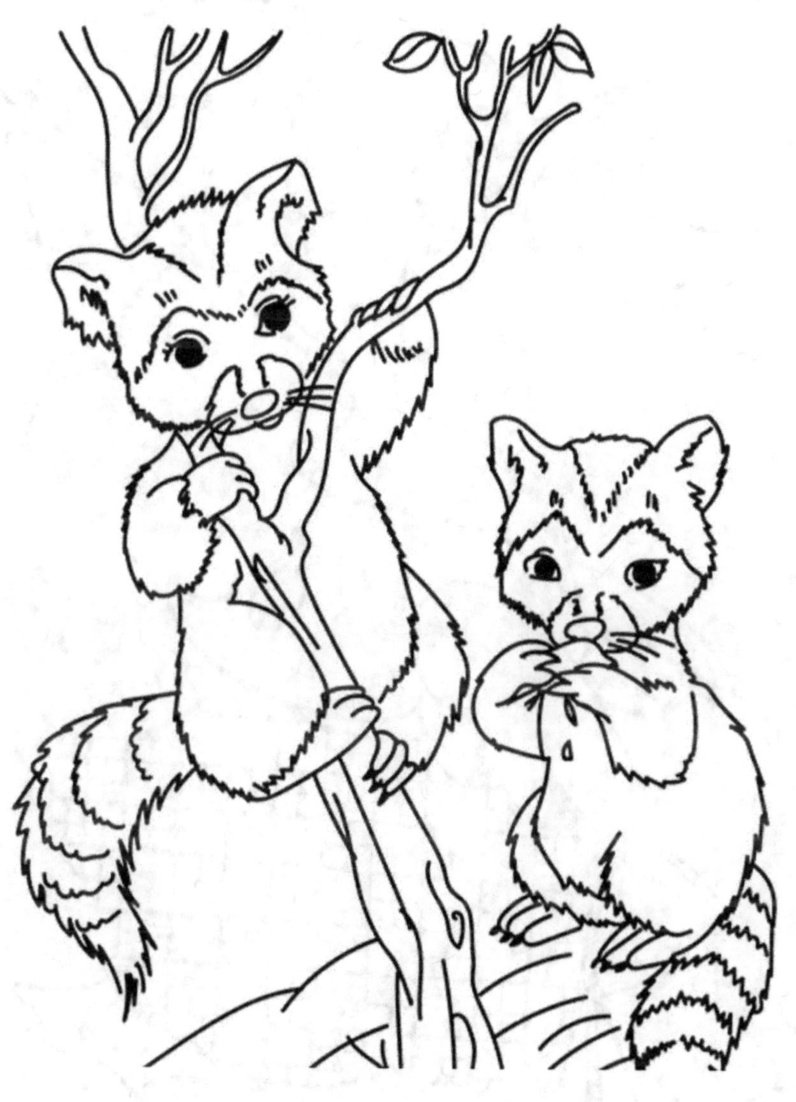

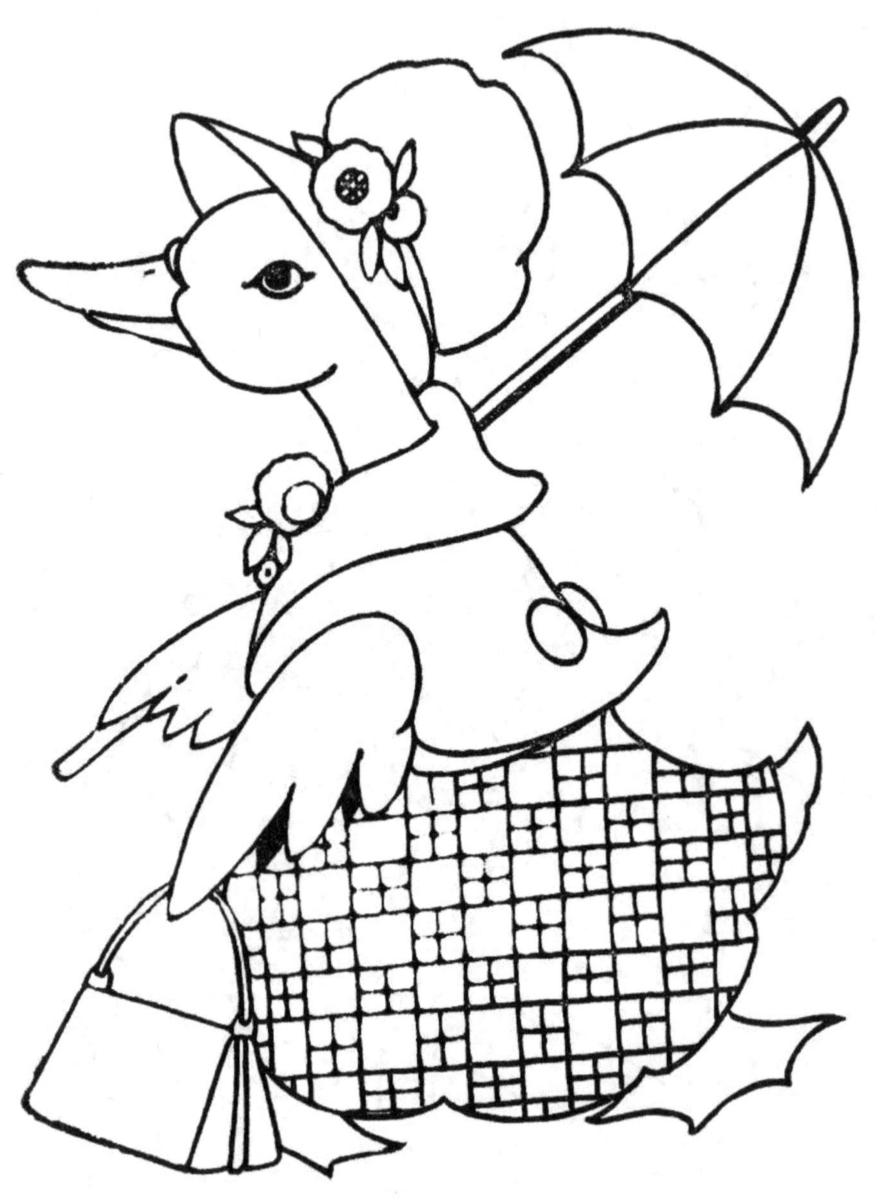

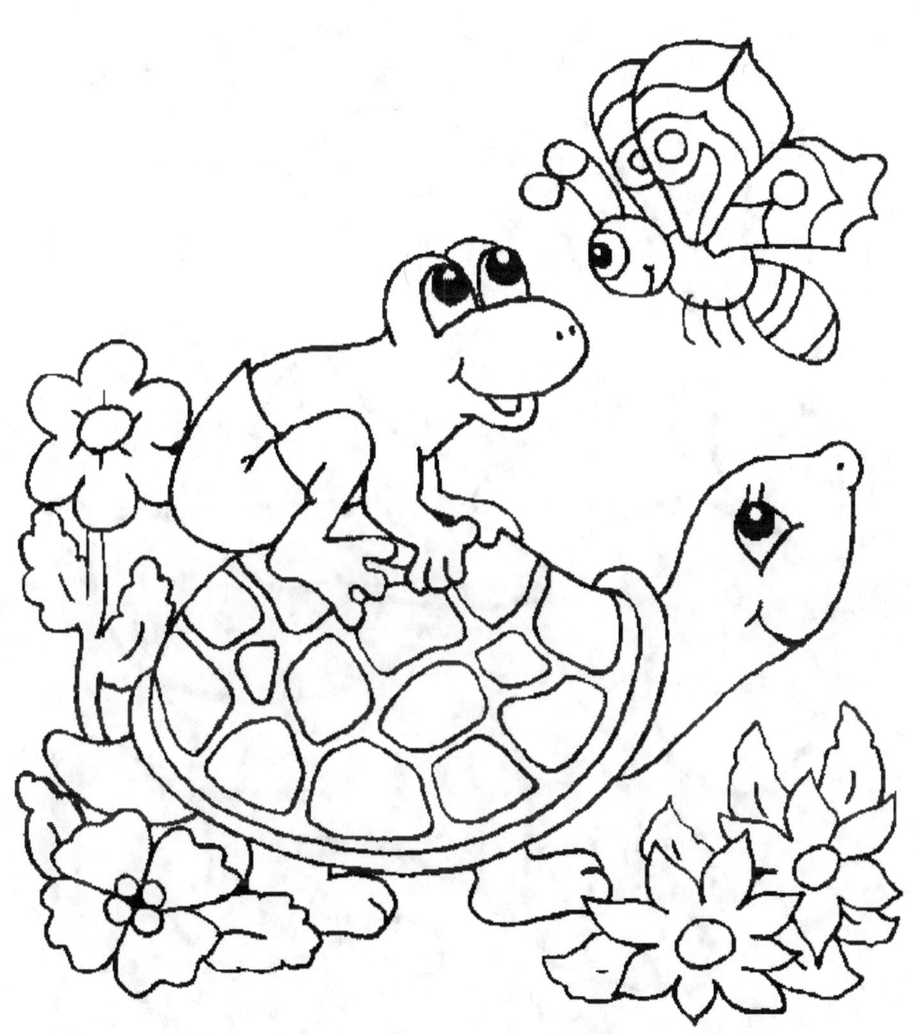

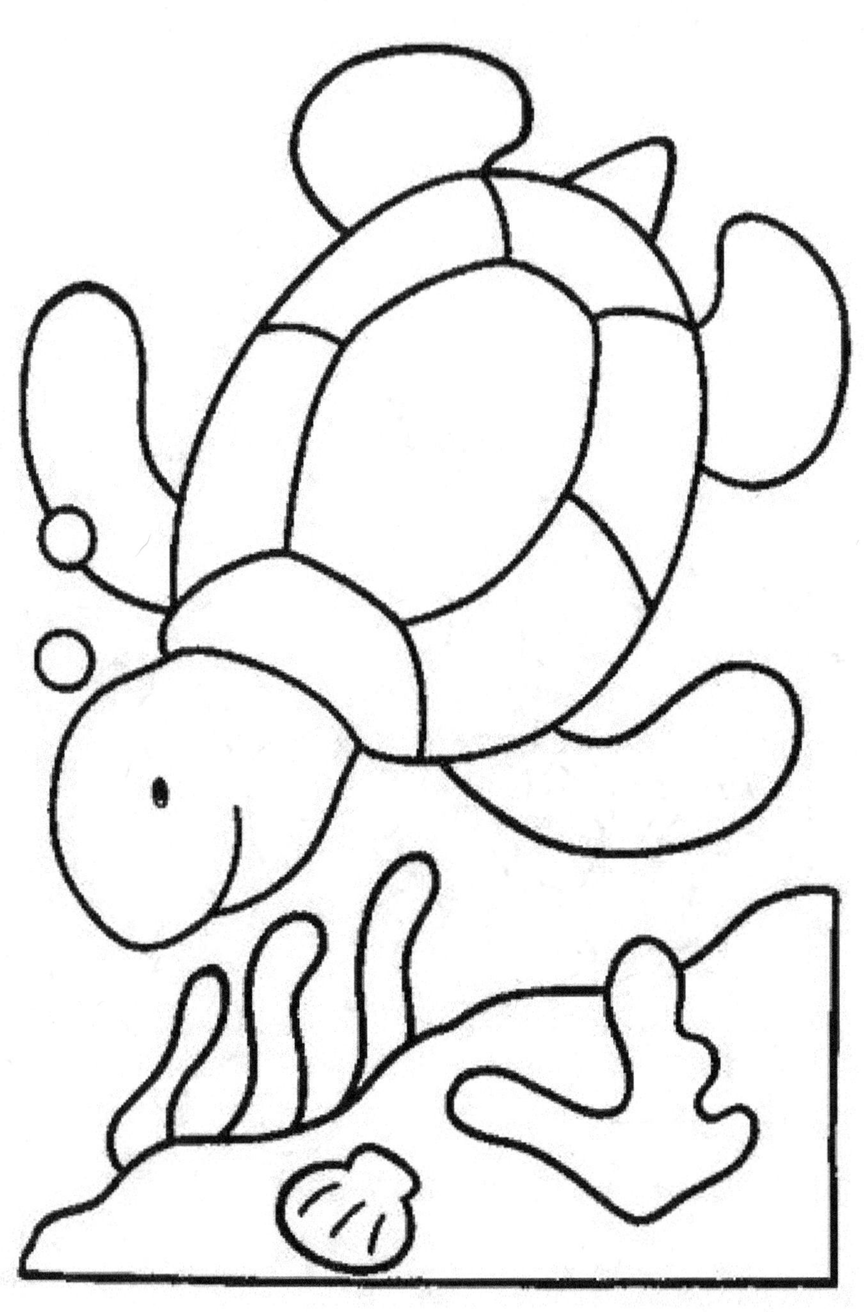

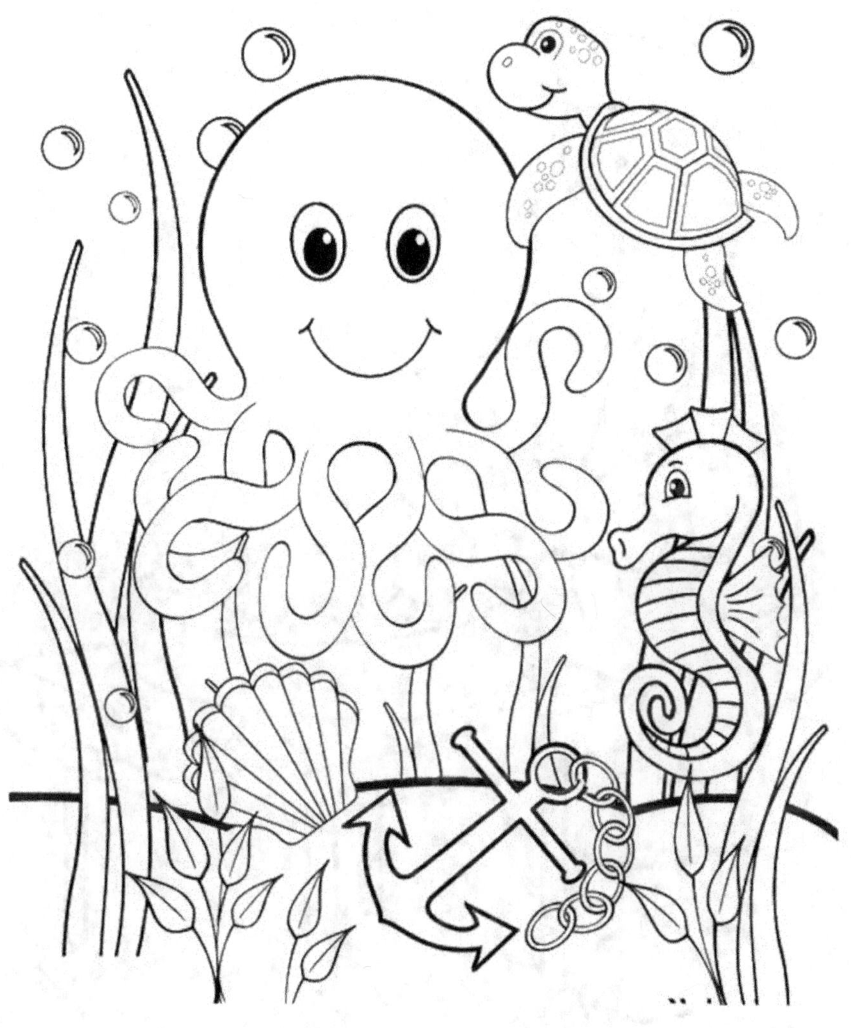

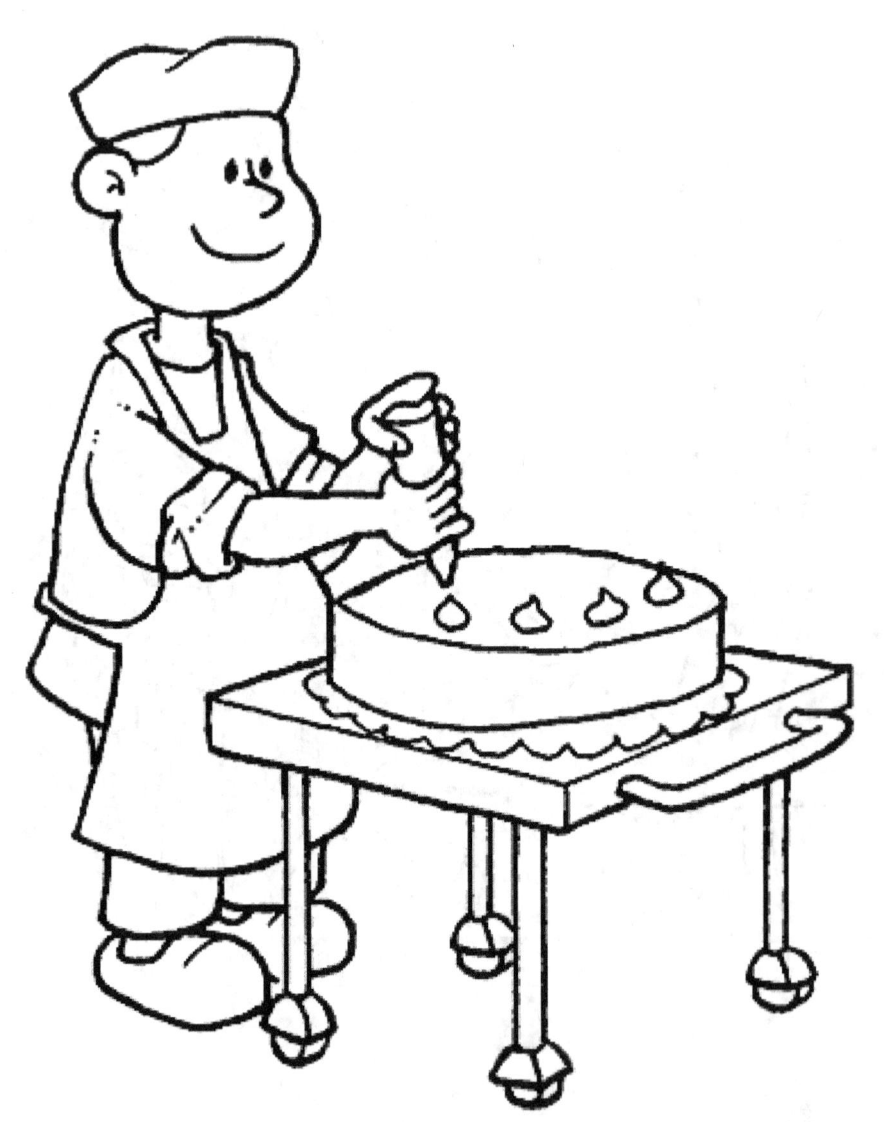